Alexandre Lacava

7 PASSOS PARA SER UM LÍDER DE VENDAS

A INTELIGÊNCIA EMOCIONAL E O MODELO DE
GESTÃO PARA POTENCIALIZAR SEUS RESULTADOS

Diretora
Rosely Boschini

Gerente Editorial
Carolina Rocha

Assistente Editorial
Juliana Cury Rodrigues

Controle de Produção
Karina Groschitz

Preparação
Leonardo do Carmo

Projeto Gráfico e Diagramação
Sergio Rossi

Revisão
Renata Lopes Del Nero

Capa
Sergio Rossi

Impressão
Rettec

Copyright © 2017 by Alexandre Lacava
Todos os direitos desta edição são reservados à Editora Gente.
Rua Natingui, 379 – Vila Madalena
São Paulo, SP – CEP 05443-000
Telefone: (11) 3670-2500
Site: www.editoragente.com.br
E-mail: gente@editoragente.com.br

Dados Internacionais de Catalogação na Publicação (CIP)
(Câmara Brasileira do Livro, SP, Brasil)

Lacava, Alexandre
7 passos para ser um líder de vendas : a inteligência emocional e o modelo de gestão para potencializar seus resultados / Alexandre Lacava. – 1ª ed. – São Paulo: Editora Gente, 2017.
184 p.

Bibliografia
ISBN 978-85-452-0203-5

1. Negócios 2. Sucesso nos negócios 3. Vendas 4. Administração 5. Liderança I. Título

17-1133   CDD 650.1

Índice para catálogo sistemático:
1. Sucesso nos negócios

*AO MEU FILHO ALAN,
LUZ QUE ILUMINA A MINHA VIDA.*

AGRADECIMENTOS

Escrever este livro me surpreendeu em vários sentidos. Foi mais rápido do que imaginava, mais complexo do que previa e muito mais prazeroso do que jamais poderia acreditar. Isso tudo não aconteceu por acaso. Foram muitas as pessoas e contribuições que fizeram dessa obra algo único em minha vida.

Experimentei minhas ideias por mais de uma década com vendedores, representantes comerciais, executivos de conta, *key accounts*, coordenadores, gerentes e diretores comerciais de diversas empresas nos mais diferentes ramos de atuação. De indústrias farmacêuticas, químicas, alimentícias, agronegócios, empresas aéreas, de cosméticos, atacadistas a empresas de tecnologia, bancos e construtoras.

Na verdade, tantas pessoas contribuíram para meu aprendizado ao longo dos anos que já não me é possível dizer com precisão a quem devo quais ideias e de que forma chegaram até mim.

Não poderia, entretanto, deixar de mencionar minha gratidão àqueles que, independentemente do tempo ou do lugar, sempre estiveram ao meu lado nessa jornada. Agradeço aos meus pais, José Ferreira e Giuditta Lacava, por seu apoio e amor incondicional. À minha querida esposa, Andrea Citrini, pela leitura e pelas críticas pontuais com olhar de quem dirigiu, durante décadas, equipes comerciais, e principalmente pela cumplicidade em todos os momentos dessa jornada. Aos meus amados filhos Caio, Cauê e Carolina, por seu apoio sempre carinhoso e encorajador.

Quero também agradecer especialmente à Rosely Boschini, por acreditar no meu sonho, ao Roberto Shinyashiki, por ser uma fonte de inspiração e um catalisador desta realização e à Carolina Rocha, minha gerente editorial, por me acompanhar, orientar, auxiliar e direcionar de forma brilhante durante todo o processo. Estendo este especial agradecimento à equipe do comitê editorial da Editora Gente, pelas inúmeras e precisas contribuições.

Um muito obrigado especial à minha terapeuta Mara Di Lascio por me ajudar a manter o foco e a determinação que foram fundamentais para esta realização.

Também agradeço imensamente aos mestres Gilberto Cabbeggi e Edvaldo Lima, pelas lições de escrita transmitidas com sabedoria e precisão.

Agradeço aos gestores de vendas, em especial Alberto Couto e Agustín Couto, por me apresentarem este maravilhoso universo das vendas e nele me ajudarem a dar os primeiros passos. Aos ex--alunos do curso de MBA Diego Lucas Graciano e Mario Miranda, pelas preciosas contribuições extraídas de suas experiências que tanto nos auxiliaram no aprimoramento e na definição do tema. E a todos aqueles que direta ou indiretamente contribuíram para a realização desta obra.

Meu muito obrigado a todos vocês!

SUMÁRIO

INTRODUÇÃO — 9

CAPÍTULO 1: OS MAIORES DESAFIOS PARA A LIDERANÇA EM VENDAS — 13

CAPÍTULO 2: VENDER BEM FOI IMPORTANTE NO PASSADO, AGORA O DESAFIO É OUTRO! — 29

CAPÍTULO 3 - PASSO 1: TENHA UM MÉTODO DE VENDAS SUSTENTÁVEL — 47

CAPÍTULO 4 - PASSO 2: REALIZE A TRANSIÇÃO DE VENDEDOR A GESTOR — 65

CAPÍTULO 5 - PASSO 3: DESENVOLVA COMPETÊNCIAS FORTES — 83

CAPÍTULO 6 - PASSO 4: APRENDA A APLICAR PRESSÃO — 103

CAPÍTULO 7 - PASSO 5: FAÇA A GESTÃO DA EQUIPE — 117

CAPÍTULO 8 - PASSO 6: SEJA UM LÍDER COACH — 133

CAPÍTULO 9 - PASSO 7: FORTALEÇA O PROCESSO. RECONHEÇA O PROPÓSITO — 161

CAPÍTULO 10: A FELICIDADE SÓ É COMPLETA QUANDO COMPARTILHADA — 177

REFERÊNCIAS BIBLIOGRÁFICAS — 183

INTRODUÇÃO

Segundo o Departamento Americano de Estatística Trabalhista, um em cada nove americanos trabalha com vendas[1]. Ou seja, esta é a segunda maior categoria de trabalhadores na mão de obra norte-americana. A presença de tantas pessoas atuando nessa área na maior economia do planeta é no mínimo curiosa, digna de aprofundamento e estudo para continuar desenvolvendo esse pilar de todo e qualquer negócio. Afinal, todo mundo precisa vender!

Além disso, podemos dizer que o que vale para os Estados Unidos vale também para o restante do mundo. Basta analisarmos algumas estatísticas mais.

No Canadá, o setor de vendas representa aproximadamente 25% da mão de obra do país[2]. Na Austrália são 10%[3], mesmo contingente encontrado na Inglaterra[4]. No Japão, um em cada oito trabalhadores atua na área de vendas[5]. No Brasil, embora não existam estatísticas

---

[1] U.S. BUREAU OF LABOR STATISTICS. Occupational Employment and Wages Summary (2011), *27 de março de 2012*.

[2] STATISTICS CANADA, *Monthly Labour Force Survey*. Average Hourly Wages of Employees by Selected Characteristics and Profession, *fevereiro de 2016*. Disponível em: <www.statcan.gc.ca/tables-tableaux/sum-som/l01/cst01/labr69a-eng.htm>. Acesso em: ago. 2017.

[3] AUSTRALIAN BUREAU OF STATISTICS, 2011 Labour, Occupation. T34 Occupation by Sex (SA2+). Disponível em: <http://stat.data.abs.gov.au/Index.aspx?DataSetCode=ABS_CENSUS2011_T34>. Acesso em: ago. 2017.

[4] WOZOWCYK, Monika; MASSARELI, Nicola. European Union Labour Force Survey – Annual Results 2010.

[5] JAPANESE MINISTRY OF INTERNAL AFFAIRS AND COMMUNICATIONS STATISTICS BUREAU. The Statistical Handbook of Japan, 2016, *Tabela 12.3, "Employment by Occupation"*. Disponível em: <www.stat.go.jp/english/data/handbook/pdf/2016all.pdf#page=129>. Acesso em: ago. 2017.

claras que possam nos mostrar essa realidade, basta se lembrar dos seus familiares, amigos e conhecidos. Seguramente, você notará que uma boa parte deles trabalha diretamente em vendas.

Ver esses dados e refletir sobre quantas pessoas conhecemos que dedicam suas vidas à arte de vender nos chama atenção não só pelo volume expressivo, mas também por todos os aspectos ligados a essa atividade. Um deles, provavelmente o principal, está na habilidade de liderança e gestão de todos esses vendedores. Como manter-se em ascensão profissional e se destacar na entrega dos resultados? Quais os melhores modelos para a gestão dos profissionais de vendas? Quem comanda cada grupo de profissionais na área comercial das mais diferentes companhias e negócios espalhados pelos quatro cantos do planeta? Como esses gestores preparam suas equipes? Qual o modelo de formação e desenvolvimento utilizado pelas equipes que têm sucesso? E as que fracassam? Quais as principais competências para excelência em vendas? E como desenvolvê-las e administrá-las?

Surpreso com tantas perguntas sem respostas claras? A maioria dos profissionais em vendas também ficaria! Eles mesmos não sabem como fazem o que fazem ou como conseguem ser tão persuasivos, não sabem ao certo o que há por trás de suas atitudes. Os vendedores apenas fazem, arriscam e obtêm seus resultados. No entanto, conforme o vendedor vai se destacando e evidenciando sua eficiência, invariavelmente chega o momento de subir um degrau e colocar-se como líder. Um novo desafio surge a partir desse momento.

Precisamos de mais e melhores líderes de vendas preparados para o momento atual, com um modelo mental, competências, habilidades, técnicas e atitudes que efetivamente contribuam para a gestão das equipes comerciais com maestria e segurança no caminho da realização das metas.

INTRODUÇÃO

Esse é o motivo que me levou a assumir a responsabilidade de organizar e compartilhar nas próximas páginas as técnicas e estratégias mais poderosas nos dias de hoje na gestão de equipes comerciais. Minha missão é facilitar a vida desses profissionais, na difícil e ao mesmo tempo desafiadora realidade do universo das vendas.

Para você se beneficiar de todo o conhecimento, todas as facilidades e muitos outros ganhos que este livro proporciona, ele foi construído por meio de sólidos conceitos desenvolvidos por autores especialistas em suas áreas de atuação e certificados mundialmente. Esses conceitos, testados e aprovados por milhões de pessoas, têm gerado resultados diferenciados e surpreendentes para os que se arriscam a estudá-los e testá-los. Caso você queira se aprofundar em qualquer um dos temas aqui relacionados, as referências apresentadas no final do livro representam um oceano para o mergulho de infinitas consultas e possibilidades.

Adquirir conhecimento para potencialização dos resultados da área comercial, aprender a utilizar ferramentas para otimização do desempenho da força de vendas, avaliar e aplicar abordagem sistêmica de gestão comercial atendendo às necessidades do negócio, fomentar relações duradouras e lucrativas com os clientes, baseadas em propostas de valor únicas e sustentáveis são ganhos que seguramente você, leitor, poderá alcançar.

As vendas que fazem as metas serem atingidas ocorrem por consequência das habilidades dos vendedores para ajudarem seus clientes a tomarem as melhores decisões, e do líder para garantir que sua equipe saiba como e faça isso acontecer.

Essa é a magia da liderança na gestão das equipes que convertem mais e melhores vendas.

1
OS MAIORES DESAFIOS PARA A LIDERANÇA EM VENDAS

É muito comum encontrar gestores de vendas convivendo com resultados e sentimentos contraditórios. Se garantem o alcance da meta, perdem a confiança da equipe, pois o resultado só veio com o sacrifício do moral destruído nas falsas promessas de remuneração. Ou então a equipe se mantém unida e fortalecida, mas sem o fluxo necessário para os resultados aparecerem.

Vilão bem-sucedido ou amigo fracassado? Qual dessas identidades você já viu ou experimentou? Nenhum gestor de equipes comerciais deixou de experimentar o sabor de pelo menos uma dessas amargas situações. Sentir-se rejeitado, julgado, com raiva e incompreendido são sensações recorrentes e que fazem parte da vida de todo gestor de vendas e consomem muita energia.

No entanto, o tempo e o foco do líder de vendas precisam estar em outra direção. Seu objetivo deve ser a melhoria da produtividade de sua equipe, e o entendimento de seu papel como gestor pode verdadeiramente agregar valor à sua equipe e à empresa. Como fazer isso?

A falta de uma boa liderança implica uma série de prejuízos que impactam não só o negócio, mas todos os envolvidos. Com certeza, você já viveu ou presenciou circunstâncias em que bons vendedores se apagam por não receberem a oportunidade de mostrar seu potencial, ou em que equipes ficam altamente desmotivadas porque as metas nunca são atingidas e todos sentem que estão correndo em círculos.

Em meus anos de experiência pude acompanhar inúmeros casos de excelentes vendedores que se tornaram líderes e não conseguiram manter os mesmos níveis de resultado que tinham no cargo anterior. Sem saber como executar o novo papel, o desfecho natural era com a maior parte da equipe não batendo a meta e, por consequência, comprometendo a capacidade do gestor de atingir sua meta como líder: possibilitar que seus colaboradores alcancem sempre o melhor.

Portanto, sem direcionamento claro e sem o conhecimento necessário para construir times e carreiras sólidas, está pronta a receita ideal para belos fracassos em vendas.

*

Em seu livro *Pipeline da liderança* (2013), Drotter e Charan nos fazem refletir sobre a história de jovens profissionais que ingressam na área comercial e, normalmente, passam os primeiros anos de suas carreiras na organização como vendedores. A demanda em termos de habilidades é primordialmente técnica, específica ao conhecimento dos produtos e serviços que comercializam.

Ao refinar e ampliar suas habilidades individuais, esses vendedores fazem cada vez mais vendas (e vendas cada vez maiores) e são, então, considerados "candidatos a gestores" pelas organizações. Ao demonstrarem capacidade de lidar com responsabilidades, constância de resultados e atuar em conformidade com os valores da empresa, eles costumam ser promovidos a gestores de equipes de vendas.

Apesar de essa transição para a liderança parecer fácil e natural, normalmente é nesse ponto que esses profissionais tropeçam. Os vendedores de melhor desempenho, em especial, relutam em adaptar sua atuação na organização. Eles querem continuar realizando as vendas que lhes renderam o sucesso, o prestígio e as ótimas remunerações. Como consequência, passam de vendedores a gerentes sem uma mudança comportamental baseada em técnicas de liderança. Na verdade, eles se tornam gestores sem aceitar, e até mesmo entender, as responsabilidades dessa nova função.

Muitos gestores, por exemplo, continuam focando toda sua energia e tempo a atender os clientes que gostam de recebê-los. O ótimo relacionamento construído no passado e os elogios vinculados aos resultados inflam o ego desses profissionais, que buscam de forma recorrente e incessante a mesma satisfação. Eles se esquecem que agora a responsabilidade mudou. Acabam por não se dar conta de que, nessa nova função de líder, o mais importante não é vender produtos ou serviços, e sim preparar seus liderados para agir na busca dos próprios resultados e manter-se alinhados aos compromissos com a organização.

Não significa que agora, como líder, o gestor não visita mais os clientes. No entanto, seu papel nesses encontros mudou. Ao montar a carteira de clientes de seus liderados, o líder de vendas deve acompanhar as visitas muito mais como um recurso de apoio. Ele aproveita esses momentos para instruir, servir de modelo e, após a visita, provocar reflexões e oferecer um feedback valioso para o membro de sua equipe. O líder deve ajudar o vendedor que o acompanha nessa visita a encontrar as próprias respostas e os comportamentos que o farão ser um campeão de vendas. É ajudar o vendedor a entender que nesse momento sua missão é aprender para, em breve, atender com maestria aos anseios dos seus clientes – e que consequentemente fará com que a meta da equipe seja realizada.

Enquanto o líder não desempenhar sua função de maneira bem definida e objetiva, a consequência natural é a quebra de expectativas: uma equipe que não faz o que o líder espera e precisa que seja feito, e um líder que não consegue se conectar com os liderados. Já viu alguém em uma situação parecida?

Outro resultado indesejado que ocorre como consequência de "não largar o osso" é o líder ter de constantemente "pôr a mão na massa", porque, desprovida de técnicas e orientações adequadas, sua equipe não consegue vender e só o líder realmente sabe como garantir o resultado necessário no final do mês. Isso lhe toma um tempo enorme, impedindo que desenvolva a própria equipe e novos projetos, criando um círculo vicioso que conduz ao fracasso coletivo.

E não pense que a questão de vendas é exclusiva dos vendedores. Nesses anos atuando como palestrante e consultor, outra situação muito comum com a qual me deparei no mercado é daquele empreendedor que, com uma ideia genial, construiu o próprio negócio e o vê crescer em ritmo acelerado. A rapidez do crescimento da empresa traz alegria e satisfação, afinal, foram anos se dedicando à transformação da ideia em projeto e do projeto em negócio rentável. Porém, com esse crescimento acelerado vem também um desconforto que, com o passar do tempo, vira desespero: o empreendedor percebe que a falta de uma equipe comercial formada e bem estruturada limitará a ascensão aos próximos degraus do sucesso. No começo, como sócio em uma microempresa, visitar e fechar vendas com os clientes era ponto de honra e de sobrevivência, mas o novo momento exige mudanças, e uma delas é a formação e a gestão de uma equipe comercial que suporte a continuidade do crescimento da empresa e dê ao empreendedor espaço para continuar inovando.

Você pode estar em qualquer um desses cenários, como também pode já fazer parte do time de gestores comerciais de uma empresa estabelecida, de médio ou grande porte, que apresenta resultados comprovados. De um jeito ou de outro, já passou ou passará pela situação de descobrir que a produtividade da equipe de vendas não é suficiente para fazer frente às novas metas de crescimento exigidas pelos acionistas. A sensação é de: "Estou perdido!".

Quero contar para você uma história que ilustra o que acabei de citar.

Em uma terça-feira cinzenta, em São Paulo, caminhava na calçada fria da avenida Paulista, em direção à torre do conjunto de edifícios que leva ao escritório onde, poucos minutos depois, eu faria uma reunião com o objetivo de vender um programa de desenvolvimento para os principais executivos da área comercial de um dos mais sólidos bancos de investimento do país.

Meu passo acelerado marcava o ritmo do andar comprometido com o tempo, recuperando-se do atraso que ainda nem havia acontecido.

Depois de passar por duas recepções, aguardava em uma sala sofisticada que seria o cenário de uma importante negociação. Observar aquele ambiente me fez entender de antemão alguns sinais do meu futuro cliente: tudo era milimetricamente organizado. Cada móvel fora pensado para transmitir modernidade e elegância. Então, logo de cara, percebi que havia uma expectativa quanto à postura daqueles que circulavam por ali: formalidade, determinação e objetividade.

Após alguns minutos contemplando aquela atmosfera corporativa, Vera, vice-presidente e diretora comercial do banco, chega à sala. Sua aparência com proporções equilibradas e elegância marcante deixaram claro que estava diante de alguém com inteligência estratégica e alto grau de exigência.

Iniciamos nosso papo de um jeito muito bacana, falamos sobre Patrícia, amiga pessoal de Vera, minha cliente, também gestora na área de vendas e a responsável por nos colocar em contato. Dias antes, Vera havia se surpreendido com a percepção na mudança de atitude da amiga Patrícia que, ao ser questionada por Vera sobre o que havia acontecido, justificou contando sobre a consultoria contratada comigo e as reflexões e decisões que passou a implementar em sua empresa a partir de então.

Ter esse ponto de conexão inicial nos proporcionou um espaço de confiança, o que possibilitou seguir com a entrevista inicial, coleta de informações fundamental durante o processo de vendas na vida de um profissional comercial.

Como se tratava de entrevistar o gestor da equipe comercial, tomei como roteiro as seguintes perguntas:

- Como você faz a distribuição e o controle do alcance das metas na sua equipe?
- Como dá suporte ao desenvolvimento de sua equipe?
- Como faz para mantê-la motivada?
- Como é o *turn over* (rotatividade) dos vendedores de sua equipe?
- Como é seu melhor vendedor? E como é o pior? Por quê?
- O que você faz hoje que contribui para o bom desempenho de sua equipe?
- Como é o processo de vendas atual?
- Você tem se envolvido nas atividades de vendas?
- Qual a sua maior dificuldade com os vendedores?
- Como está a pressão dos vendedores? Onde e quando "espanam"?
- O que você acredita que precise deixar de fazer?

Depois de responder a todas essas perguntas, em resumo, Vera me mostrou que sua maior angústia era o fato de sua equipe de executivos comerciais não estar performando na quantidade e na qualidade que o banco precisava. Sentia que passavam por um momento de ausência de comprometimento, baixa disposição para encarar os desafios do cotidiano e carência de técnicas para extrair os melhores resultados da equipe e do negócio em momentos de crise, algo recorrente em nosso país.

À medida que Vera contava sobre suas insatisfações, procurei receber com empatia e baixo julgamento sua explanação. Em determinado momento, o tom do relato, que até então era mais de reclamação e culpa relacionadas à sua equipe, começou a mudar. Parece que escutar a si própria naquele instante enquanto respondia às minhas perguntas fez com que Vera, aos poucos, descobrisse algo sobre si mesma. Ela começou a perceber como as próprias atitudes, assim como as "verdades" que carregava e em que se apoiava na gestão dos profissionais de sua equipe estavam mais atrapalhando do que ajudando na conquista dos resultados desejados.

O desabafo foi gradativamente aumentando sua angústia, até que ela atingiu um estado de catarse que a despertou para uma compreensão e expansão do entendimento de si mesma. Neste momento, Vera parou seu discurso, se reclinou e, depois de alguns segundos de silêncio, disse para mim algo que, em minha opinião, significou o momento mais importante daquele encontro:

– Sabe, Alexandre, conversando com você percebo que talvez esteja sendo eu uma das principais responsáveis pelo resultado limitado que essa equipe vem apresentando. Sinto que talvez meu maior desafio seja liderar minhas próprias atitudes no sentido de desenvolver a mim mesma e, como consequência, gerar desenvolvimento e equilíbrio na minha equipe comercial. Não é tão difícil reconhecer que a maior parte da minha equipe é competente e comprometida em atingir os resultados e que, porém, tem sofrido forte influência na forma pragmática como conduzo a área. Sei que tenho razões de sobra para explicar esse tipo de postura e de atitudes, afinal, como diretora comercial deste banco, estou sendo constante e duramente cobrada por mais resultados. De qualquer maneira, tudo isso não necessariamente justifica todas as minhas decisões em relação à gestão da equipe, ou à falta dela.

A fala de Vera me tocou profundamente e me fez querer compartilhar com você, leitor, uma reflexão determinante na gestão de equipes comerciais.

Nas equipes de vendas, os resultados são praticamente imediatos, por isso, a gestão de resultados pode ser aferida com certa facilidade, o que, muitas vezes, faz com que os resultados camuflem as habilidades da equipe. Quando os números estão satisfatórios, há uma tendência a pensarmos que tudo está bem e que há qualidade na gestão de pessoas, ou a falta dela é camuflada pelo sucesso das vendas. No entanto, quando o resultado vai mal... onde está o problema? A equipe deixou de ser maravilhosa de um momento para o outro?

O sucesso ou o fracasso em atingir as metas gera impacto determinante na qualidade da gestão de pessoas! Esse é um círculo que pode ser vicioso: resultados ruins geram um clima ruim que, por sua vez, geram resultados piores ainda.

Você ou alguém que conhece perdeu a chance de ser promovido porque, embora seja um ótimo vendedor, demonstra fragilidade no que diz respeito ao perfil de líder?

Você acabou de se tornar gestor da equipe formada por colaboradores que até semanas atrás eram seus pares, e agora sente que eles não aceitam a ideia de você os conduzir?

Você ou alguém que conhece está se sentindo incapaz de gerar melhores resultados porque não tem apoio moral da equipe e da diretoria, além de faltar habilidade técnica para fazer acontecer a liderança?

Você não sabe exatamente onde está errando nem como corrigir a rota caso venha a ter conhecimento da origem desse erro (seu ponto fraco)?

Eu já estive em todos esses lugares, nessas situações que nos fazem acreditar que somos incapazes de obter os resultados desejados por meio de uma equipe de vendas. Em determinada etapa de minha vida pensei em abandonar essa área. Parecia não haver como lidar com o redemoinho de forças que constantemente levavam para baixo os meus resultados e dos profissionais que conhecia. Mas foi no momento de maior desespero, quando tudo parecia estar muito próximo do fim, que, desprovido das resistências para continuar adiante nessa carreira de gestor de vendas, descobri a fórmula do **líder de vendas**: as sete atitudes que rapidamente me colocaram em destaque no cenário nacional e no topo das vendas.

Eu percebi que um dos maiores dilemas em vendas não é o processo de vender em si, mas como encontrar, desenvolver e administrar os profissionais que formam as equipes comerciais responsáveis por atingir as tão sonhadas e difíceis metas de vendas. Mas, devido à escassez de cursos curriculares e à falta de atenção da indústria do ensino formal no Brasil para este mercado, os profissionais de vendas ficam à margem de conhecimentos, conceitos, técnicas e metodologias que possam prepará-los e auxiliá-los na formação e condução de suas equipes. Sem apoio, trilham sua jornada de forma solitária, com a responsabilidade pessoal de atingir os resultados assumidos, se virando como podem na selva dos negócios ou seguindo os exemplos daqueles que escolheram como referência por seus históricos de resultados – e que invariavelmente também aprenderam a liderar por conta própria.

É por isso que quero compartilhar o método que desenvolvi, pois com ele você se tornará o líder que o mercado e os vendedores tanto buscam. Mas, antes de prosseguirmos, quero que você aprenda a perceber as diferenças entre as atitudes de um líder, pois são elas que nortearão seus próximos passos:

Quadro 1 – Diferenças entre o perfil do líder ditador e o líder vendedor

LÍDER DITADOR	LÍDER VENDEDOR
A equipe serve a ele	Ele serve a equipe
Tira tudo que pode da equipe	Investe no desenvolvimento da equipe
Tem foco exclusivo no cumprimento da meta	Tem foco na criação e gestão da equipe que atingirá a meta
Culpa sua equipe quando a venda não acontece e se vangloria quando um ótimo negócio é fechado	Assume responsabilidade com sua equipe quando a venda não acontece e divide a glória quando a meta é alcançada
Seu principal objetivo é controlar seus vendedores	Seu principal objetivo é catalisar mudanças essenciais para formação de verdadeiros consultores de clientes
Lidera através de ordens	É um facilitador que gera aprendizagem
Voltado para curto prazo	Voltado para médio e longo prazo
Limita e define de forma estrita a atuação dos seus vendedores	Potencializa o poder dos vendedores abrindo espaços para sua atuação
Centraliza as decisões	Eleva cada vendedor a líder da sua carteira de clientes
Desvaloriza qualquer solução que não venha de si próprio	Encoraja o desenvolvimento de soluções criativas

O que mostro nesse quadro são os gatilhos fundamentais para o ajuste de um líder na condução de uma equipe comercial. Nos próximos capítulos, mergulharemos no desenvolvimento das competências de liderança em vendas.

APRENDIZADO:

O conhecimento, as habilidades e as atitudes que fizeram você se tornar o melhor vendedor da companhia não são suficientes para torná-lo o melhor gestor da sua equipe de vendas!

O gestor deve prestar atenção para não resumir seu papel ao de "vendedor mais caro da organização", pois atua como vendedor e recebe como gestor. Seu papel é ser um agente de desenvolvimento da equipe, alguém com visão para enxergar novas oportunidades e encaminhar seus liderados para um ciclo de eficiência, aprendizados e, obviamente, resultados.

Quero convidá-lo, então, a encerrarmos este capítulo com um exercício de autopercepção sobre como você, hoje, tem atuado junto à sua equipe.

EXERCÍCIO

O primeiro passo para a autopercepção é evocar (ou recriar) o cenário e os comportamentos já existentes, como se você pudesse observá-los de fora. Isso lhe fornecerá pontos de referência a partir dos quais as coisas podem ser medidas, organizadas ou modificadas.

OBJETIVO

Construir uma matriz de como você se vê atualmente na posição de gestor de vendas.

INSTRUÇÕES

Quero propor que você faça uma reflexão semelhante à de Vera, a cliente retratada neste capítulo. É fundamental que este exercício seja feito de maneira muito aberta e sem julgamentos. Permita-se reconhecer suas atitudes.

Se não souber responder a alguma coisa, não se preocupe. Leve o tempo que precisar e, se for o caso, volte na questão depois. Você pode também consultar a opinião de alguém em quem confie e comparar se a maneira como você se vê é a mesma que transmite para as outras pessoas.

1] Como você define seu papel?

_____
_____
_____
_____

2] Como você faz a distribuição e o controle do alcance das metas em sua equipe?

_____
_____
_____
_____

3] Como dá suporte ao desenvolvimento de sua equipe?

_____
_____
_____
_____

4) Como faz para mantê-la motivada?

_____
_____
_____
_____

5) Como é o *turn over* (rotatividade) dos vendedores de sua equipe?

_____
_____
_____
_____

6) Como é seu melhor vendedor? E como é o pior? Por quê?

_____
_____
_____
_____

7) O que você faz hoje que contribui para o bom desempenho de sua equipe?

_____
_____
_____
_____

8] Como é o processo de vendas atual?

_____
_____
_____
_____

9] Você tem se envolvido nas atividades de vendas?

_____
_____
_____
_____

10] Qual a sua maior dificuldade com os vendedores?

_____
_____
_____
_____

11] Como está a pressão dos vendedores? Onde e quando "espanam"?

_____
_____
_____
_____

12) O que você acredita que precise deixar de fazer?

_____
_____
_____
_____

2

VENDER BEM FOI IMPORTANTE NO PASSADO, AGORA O DESAFIO É OUTRO!

Em 2005, fiz uma mudança dramática em minha carreira. Até aquele momento, atuava como executivo nas áreas de administração e finanças de uma multinacional, vice-líder no Brasil em seu segmento de atuação. Foi então, após anos de preparação, que decidi mudar. Criei uma consultoria em sociedade com uma renomada atriz e, juntos, começamos a oferecer no mercado cursos de desenvolvimento de talentos para as organizações por meio de técnicas das artes cênicas. Foi uma experiência fascinante! Ver e sentir a surpresa envolta de alegria na expressão dos participantes ao terminarem os workshops – que misturavam o mergulho em dinâmicas cênicas com o resgate das reflexões que aquelas experiências geravam em relação ao dia a dia no mundo corporativo – nos deu muito trabalho e nos proporcionou a certeza de que estávamos no caminho certo.

Alguns meses após a realização do nosso primeiro trabalho, fomos chamados para criar um espetáculo de teatro baseado em temas da vida real, para um dos maiores bancos de varejo do país. O roteiro retratava as principais agruras e os inconvenientes de que os clientes se queixavam em relação ao próprio banco, e o presidente usaria a peça para sensibilizar sua equipe de 400 diretores na busca de soluções e melhorias que pudessem mudar as percepções negativas dos clientes. Desafio enorme, resultado maravilhoso. A peça foi um sucesso! A fala do presidente aos seus diretores parecia uma cortada num jogo de vôlei, consequência do efeito "levantada" que a peça havia provocado minutos antes.

Muitos outros projetos vieram em decorrência desse sucesso, inclusive um pedido para fazermos a direção artística de um palestrante, Luiz Roberto, dono de uma das maiores empresas de consultoria e treinamento em vendas no Brasil, o mesmo que havia nos indicado para aquele banco. Foram meses de dedicação e desenvolvimento de personagens e roteiro que dessem profundidade e relevo aos conceitos que ele, Luiz Roberto, fazia questão de transmitir em suas palestras. O trabalho foi tão intenso e o resultado tão surpreendente que nos tornamos amigos e passamos a nos encontrar com frequência para desenvolver novos projetos. Em uma dessas conversas, ele me confidenciou, em tom de desabafo, a frustração pela qual passava naquele momento:

– Alexandre, eu nunca imaginei que fosse passar por uma situação como esta. Sinto-me como um tiranossauro rex!

– Tiranossauro rex? Que situação é essa, Luiz Roberto?

– Tenho pedidos entrando todos os dias aos montes pela porta da minha empresa, mas não tenho gente qualificada e preparada para entregar os cursos e as palestras para atender toda essa demanda.

Adorei a analogia com nosso amigo pré-histórico.

– Tenho boca e apetite enormes para devorar todas essas demandas, porém faltam-me braços para conseguir realizar isso.

– Uau, que situação chata! Sabe, Luiz, esta é uma coisa que adoraria aprender. Conduzir treinamentos e fazer palestras é algo que me deixa com frio na barriga e, ao mesmo tempo, com muita vontade de experimentar. Como executivo, durante anos conduzi reuniões e fiz apresentações de projetos e resultados. Sempre tive facilidade e ótimos feedbacks dessas atuações.

– Alexandre, jura que você tem interesse nessa área?

– Bastante, Luiz! Afinal, adoro a ideia de transmitir conhecimento para um grande número de pessoas ao mesmo tempo. Por quê?

— Porque quero lhe fazer um convite. Venha ser meu parceiro de negócios! Venha estudar com meu time os métodos mais eficazes na arte de vender mais e melhor. Isso exigirá de você uma imersão no mundo das vendas, muito estudo, treino, prática e testes. Mas, conhecendo seu perfil e suas principais habilidades, tenho certeza de que teremos, você e eu, muito sucesso nessa empreitada.

Dúvidas, medo e ansiedade se juntaram a sentimentos de euforia, alegria e curiosidade. Sabia que queria muito abraçar aquele desafio, afinal adorava a ideia de falar em público e sempre soube que o setor de vendas, a área comercial, era o pilar que faltava como conhecimento, prática e experiência em minha carreira profissional.

— Eu topo! Vou encarar esse desafio!

— Sensacional, Alexandre, comecemos imediatamente! Vou pedir que meu gestor de consultores entre em contato com você para acertarem as agendas, de modo que você inicie quanto antes seu programa de formação de especialista em vendas.

— Combinado!

Foram meses de estudo. Conceitos, *cases*, simulações, tudo que me trouxesse profundidade para encarar toda e qualquer situação que compreenda a jornada, do início ao fechamento de uma venda. Depois desse mergulho e antes de subir no palco, veio a prova mais difícil: sair a campo e comprovar que todo aquele conhecimento adquirido, junto de minhas habilidades, fariam frente ao mercado competitivo gerando o resultado esperado: vendas!

Sabe quando calçamos um sapato novo pela primeira vez? É preciso um tempo e um pouco de uso até que fiquemos a vontade com ele. Foi assim que me senti nas primeiras visitas. Estranho, como se estivesse incorporando uma nova personalidade. Mas, logo em seguida, comecei a me perceber nesse novo ambiente e a experimentar os primeiros fechamentos de vendas, o que me fez alcançar rapidamente resultados excelentes. Muitas vendas!

Sete meses se passaram desde o início da minha formação, e após os resultados exponenciais alcançados em campo, definitivamente estava pronto para enfrentar o ponto mais alto desse desafio: subir no palco e influenciar positivamente meus colegas de profissão. De cara, algo me chamou atenção, e a cada novo treinamento, a cada nova palestra, ficava mais intrigado com essa situação. Eu, no palco, com pouco menos de um ano de experiência na área comercial, estava lá dando palestras e treinamentos para profissionais com três, oito, quinze anos ou mais de vivência nesse mercado. Como poderia ser isso? Eu era uma farsa? O que me dava o direito de estar lá transmitindo conhecimento para profissionais muito mais experientes do que eu? Esses pensamentos me perseguiram por dias, semanas e meses até que uma reflexão mais abrangente tomou minha mente e gerou um *insight* que acalmou meu coração.

Nesse momento, me dei conta de duas coisas sobre mim que mudaram minha vida para sempre:

1) Eu sempre fui vendedor! Descobri naquele momento que, em minha carreira, inclusive como executivo, tive de fazer centenas de apresentações em reuniões, tive milhares de conversas com o chefe, infinitas conduções de grupos a determinado objetivo... Todas ações que, de certa forma, significavam vender algo a alguém.

Aliás, assim como havia acontecido comigo, muitas pessoas e muitos profissionais gastam uma sensível parte do seu tempo vendendo em um sentido mais amplo: persuadindo, influenciando e convencendo outros sobre algo.

Médicos vendem a seus pacientes a ideia de que devem seguir as recomendações de tratamento. Advogados vendem ao júri sua ideia sobre o veredicto. Professores vendem a seus alunos o valor de prestarem atenção nas aulas. Seja qual for a profissão, de alguma forma as pessoas estão sempre vendendo algo a alguém.

Ou seja, minha experiência em vendas não se restringia ao período em que conscientemente entrei nessa área de atuação profissional. Vinha de longa data, praticamente do início de minha existência.

Estamos todos vendendo o tempo todo!

2) Tomar contato com profissionais especialistas, aprender técnicas eficientes, praticar com perseverança e atuar com base em um método fez total diferença na produção dos meus resultados em vendas, principalmente em comparação aos meus concorrentes.

Após doze anos como especialista em vendas, depois de ter treinado e palestrado para mais de 20 mil profissionais desse setor, com constantes trocas de ideias e coleta de informações, posso afirmar que aproximadamente 85% desses profissionais nunca fizeram um curso ou treinamento de vendas, portanto, nunca tiveram acesso a um método de vendas.

A falta de metodologia, de técnicas devidamente testadas e de eficácia comprovada para atuação em vendas é um dos principais fatores que derruba a atuação de um vendedor, assim como a do gestor de equipes comerciais. Sem saber como, ou qual passo a passo contribui efetivamente com seus resultados enquanto vendedor de sucesso, o gestor sabe vender, mas dificilmente saberá como transmitir, desenvolver, fortalecer e cobrar adequadamente a evolução da sua equipe e os resultados que precisa e espera.

No Brasil, pelo menos por enquanto, não há um curso de graduação especializado em vendas como há para outras áreas. Portanto, qualquer curso superior que você optar fazer não será necessariamente voltado para formação em vendas – a maioria dos cursos aborda questões de mercado, mas pouco falam sobre influência, estratégias de negociação etc. Aliás, isso nos ajuda a entender por que, na maioria das vezes, os profissionais de vendas sofrem para conquistar os objetivos e resultados esperados: não existe formação superior acadêmica que sirva de suporte teórico e prático para enfrentar o mercado! Mercado este que é cada vez mais competitivo, com novos produtos, novos serviços, novas tecnologias e novos concorrentes. É cruel ver a falta de suporte disponível para gestores de vendas que precisam lidar com as metas cada vez mais desafiadoras.

Outra constatação advinda desse dado é que, originalmente, ninguém escolhe a profissão de vendedor – digo isso com base nos cursos de graduação disponíveis no Brasil. A situação que já virou piada é aquela do indivíduo no início da fase adulta que, após ter tentado algumas faculdades e desistido por não se dar bem em nenhuma delas, acaba sendo aconselhado pela família a se tornar vendedor, afinal, para ingressar nesse mercado de trabalho não precisa ter estudo, certificação ou diploma.

Ledo engano!

Mesmo não havendo curso superior específico para formação em vendas, existem, na minha opinião, duas graduações que podem auxiliar bastante na construção da carreira em vendas: Marketing e Administração de Empresas. São cursos que, embora não se aprofundem no cerne das habilidades de vendas, ajudam a desenvolver competências fundamentais para o exercício dessa atividade.

Outro fator que contribui muito para o fracasso na gestão de equipes comerciais é a falta de uma liderança que sirva de espelho e educação para o liderado. A máxima "Faça o que eu digo, não faça o que eu faço" está impregnada no âmago da cultura dos gestores das equipes de vendas.

"SE VIRE! MAS NÃO DEIXE DE TRAZER OS RESULTADOS."

Ou, então:

"DÊ UM JEITO DE BATER SUA META!"

VENDER BEM FOI IMPORTANTE NO PASSADO, AGORA O DESAFIO É OUTRO!

Estas são expressões, mantras que percorrem os corredores dos escritórios de qualquer setor comercial das mais variadas empresas.

*

Vivemos na era do *big data*, dos dados que cotidianamente impactam os negócios. Estamos constantemente sendo ouvidos, observados, analisados e aferidos. A vida no século XXI tornou-se um grande Big Brother, só não percebe quem está muito ocupado olhando para o próprio umbigo. Os vendedores, da mesma forma, observam, analisam, copiam e se espelham em seus gestores. A forma de se vestirem, de falarem, de conduzirem reuniões, de se comunicarem com os clientes, com os pares internos, com os outros vendedores, tudo isso se reflete na maneira como a equipe decide agir e, consequentemente, nos resultados que obtém. Um gestor que dá péssimos exemplos criará péssimos vendedores.

Toda vez que sou contratado para uma consultoria de desenvolvimento de equipes comerciais, o que muitas vezes acontece por intermédio do RH da empresa, solicito como etapa do diagnóstico uma entrevista com algumas pessoas da área comercial. Invariavelmente, o RH indica que, primeiramente, eu converse com o gestor da área comercial. Essa é uma situação na qual preciso utilizar de muita sensibilidade e empatia para explicar que, antes de mais nada, prefiro conversar com dois ou três vendedores da equipe.

"Por quê, Alexandre?", você, leitor, pode estar se perguntando. Explico: são os vendedores, por meio de seu nível de preparação, suas crenças e orientações para realização das atividades, que demonstram com mais clareza, ou seja, sem filtros, como verdadeiramente o gestor atua, se comporta e age com toda a equipe.

Agora, se você é um ótimo vendedor e possui boas chances

de ser candidato a ocupar a cadeira do líder da equipe de vendas, cuidado! Outro ponto de atenção que também muitas vezes leva um gestor de vendas ao fracasso é a falta de ambição e a baixa autoestima para acreditar em sua capacidade de atingir o sucesso.

São aquelas dúvidas sobre a nossa capacidade de lidar com os desafios que o sucesso muitas vezes traz consigo, entende? A ideia de sucesso desperta sentimentos de satisfação e, ao mesmo tempo, de medo, como sentir-se inseguro porque sabe que não terá respostas para todas as indagações que lhe serão feitas; sentir-se sufocado e limitado por todos os compromissos e pressões que vêm ao assumir as novas responsabilidades. Estou falando sobre as crenças que determinam a forma como cada um pensa, age e experimenta os resultados na própria vida.

Nossa personalidade é constituída por um conjunto de crenças que fazem parte e são utilizadas por nossa mente para estabelecer a nossa maneira pessoal de conceituar e interpretar nós mesmos, outras pessoas, eventos e a vida em geral. Esse conjunto de crenças que constitui nossa personalidade é formado a partir de todas as experiências que tivemos no passado.

Todos nós passamos por diversos momentos ao longo da vida. Os primeiros anos em família, depois a escola e os relacionamentos com os amigos, a trajetória profissional e tantos outros acontecimentos que nos deixam marcas: perdas, frustrações, enganos, rejeição, abandono, humilhação, incompreensão, privação, perseguição, injustiça, punição, traição, fracassos, erros, abusos etc.

No instante em que a experiência é vivenciada podemos reagir com diferentes emoções ou sentimentos: medo, raiva, tristeza, culpa, mágoa, solidão, impotência, ciúme, desgosto, vergonha, revolta, repugnância, inveja, desespero, impaciência, intolerância, incapacidade, desilusão, desesperança, menos-valia, apatia, orgulho, desânimo, insatisfação...

A combinação de determinada experiência com uma emoção ou um sentimento vivenciado no momento dela, formata uma crença dentro de nossa mente, que poderia ser, dentre outras:

- As pessoas não são confiáveis.
- Eu sou inferior/superior aos outros.
- Eu não sou capaz/bom o suficiente/inteligente.
- Eu sou responsável pela felicidade/infelicidade dos outros.
- As pessoas à minha volta são responsáveis pela minha felicidade/infelicidade.
- Eu não mereço ter dinheiro/poder.
- Eu não mereço consideração/atenção/respeito.

O somatório dessas crenças constrói um "programa" em nossa mente que nos induz a interpretar a realidade atual de uma maneira única e nos condiciona a reagir às experiências do instante presente do mesmo modo que reagimos no passado. Por exemplo: em um ambiente de trabalho, cada funcionário pode criar uma diferente realidade ao ver o seu chefe de "cara feia"; assim, determinada pessoa que vivenciou experiências passadas, que a condicionaram a desacreditar sua capacidade, poderá interpretar a "cara feia" do chefe como prova da insatisfação diante do desempenho dela e reagir estimulada pelo sentimento de insegurança que está dentro de si, o que poderá desencadear certo nível de ansiedade e uma série de preocupações subsequentes. Dessa forma, essa pessoa reforça e recria, nesse momento, a realidade interna dela. E assim ocorre com todos nós, a partir dos registros que guardamos no inconsciente.

Nossa personalidade formula a realidade externa com base nas crenças e nos padrões de reações emocionais condicionados por experiências passadas e reforça a ilusão do passado a cada novo momento. Tomar consciência, aprender a lidar e decidir mudar determinados círculos viciosos faz parte da vida de quem almeja o sucesso.

Sucesso tem a ver com poder. Poder é um estado mental. É um conceito multidimensional que envolve como você pensa, sente e age. Se você acredita que tem poder e o projeta, você o tem. Se você não o projeta, você não o tem. A falta de consciência sobre seu "programa de crenças" e as atitudes autodestrutivas derivadas disso abafarão seus resultados e farão naufragar qualquer possibilidade de ascensão.

Em uma perspectiva mais profunda, a raiz dessa ideia está na falta de autoconhecimento. Pontos fracos todos temos, assim como pontos fortes. A decisão de onde e como direcionar sua atenção e seus esforços determinará diretamente o alcance de suas conquistas.

Estar atento aos resultados e assumir sua parcela de responsabilidade sobre eles, sejam bons ou ruins, tornará mais claro e consciente seu "programa de crenças", o que permitirá agir de forma ativa sobre ele, afinal, só podemos mudar aquilo que enxergamos. A partir dessa postura, combinada a um pouco de coragem, vulnerabilidade e uma boa dose de vontade, é possível reprogramar as crenças e garantir que sua capacidade de alcançar o sucesso dependa do seu propósito e força de vontade.

SER UM LÍDER DE VENDAS É TER SUCESSO NA CONQUISTA DA META, NO APOIO DA EQUIPE, NA AUTOPERCEPÇÃO DE SER HUMANO!

Lembre-se: o conhecimento, as habilidades e as atitudes que fizeram você se tornar o melhor vendedor da companhia não são suficientes para torná-lo o melhor gestor de sua equipe de vendas!

Um vendedor ou gestor comercial que não tenha um método eficaz e autossustentável não percebe que sua liderança serve constantemente como espelho e orientação para determinar comportamentos e resultados em sua equipe. Sem estar bem preparado, o potencial desse profissional é engolido pela insegurança, o que afeta sua postura diante da concorrência, da diretoria e, inclusive, da própria equipe.

Como citei no início do livro, já estive em todos esses lugares, nessas situações que nos fazem acreditar que somos incapazes de obter os resultados desejados por meio de uma equipe de vendas. E foi no momento de maior dificuldade, quando tudo parecia estar muito próximo do fim, que decidi parar de repetir para mim as mesmas histórias e tive a coragem de me abrir para o novo. Nesse momento, identifiquei e organizei as sete atitudes-chaves do líder que tem sucesso na gestão de sua equipe de vendas:

1) Tenha um método de vendas sustentável.
2) Realize sua transição de vendedor a gestor.
3) Desenvolva competências fortes.
4) Aprenda a aplicar pressão.
5) Faça a gestão da equipe.

6) Seja um líder coach.

7) Fortaleça o processo, reconheça o propósito.

A partir desses sete pontos passei a ajudar outras equipes, líderes e empresas a atingirem crescimentos similares, e, desde então, sou chamado para ajudar a construir equipes de alta performance em vendas por todo o Brasil e em países como Japão e México.

Caro leitor, imagine ter sob seu comando uma equipe que triplique o volume das vendas sem precisar mudar de região, trabalhando os mesmos produtos e serviços, apenas com ajustes em atitudes e estratégias. Todos à sua volta – sua equipe de vendedores, seus pares, seus diretores, os acionistas e inclusive os concorrentes – ficariam curiosos para saber como você conseguiu esse resultado. Imagine quantas novas opções, quanto reconhecimento, prestígio e oportunidades surgiriam para você instantaneamente.

Seja bem-vindo à magia da liderança na conversão das vendas!

São as vendas que fazem as metas serem alcançadas, como consequência da habilidade dos vendedores em conduzir seus clientes pelas difíceis, porém mais adequadas, decisões para seus negócios. Habilidades, competências e comportamentos que o líder pode e deve garantir que sua equipe assuma com propriedade e saiba como utilizar em favor próprio e em benefício do cliente. É a liderança que consolida o caminho do vendedor em direção à transformação positiva na vida de seus clientes.

O que apresentarei nos próximos capítulos é fruto de anos de experiência, estudo, prática, troca de informações e, principalmente, aprendizado com profissionais e gestores de vendas. Este é o método que criei e ao qual chamo "líder de vendas".

A propósito, deixe-me compartilhar com você o que acredito sobre métodos.

Método é o resultado do estudo de muitos profissionais, estudiosos e especialistas sobre determinado assunto ou contexto. Eles exaustivamente desenvolvem estudos, realizam testes, ensaios, experiências e pesquisas por extensos períodos. Às vezes, obtêm resultados ruins, outras vezes, bons. E nessa série de testes e anos de estudos, eles acabam descobrindo o que funciona e o que não funciona sobre aquele determinado tema, separando o que deve ser repetido daquilo que deve ser abandonado.

Ao final desse intensivo trabalho, esses profissionais reúnem seus aprendizados e os transformam em livro, filme, cursos, palestras, vídeos ou qualquer outra mídia que esteja ao nosso alcance. Dessa forma, colocam à nossa disposição anos e anos de sua dedicação e aprendizado para facilitar e assegurar que sigamos em frente face aos problemas, desafios e oportunidades que surgem na vida. Tudo isso de modo mais estratégico, com menos sofrimento e maior probabilidade de chegar à resolução certa.

Esse é o poder do método na vida de qualquer pessoa! Segurança, agilidade e eficácia através do legado construído e compartilhado por verdadeiros heróis.

Eu adoro métodos! Uso-os para lidar com quase tudo em minha vida, pois eles nos ajudam a otimizar nosso tempo, focando no que realmente é fundamental e tendo clareza sobre o próximo passo.

Por isso, antes de seguir adiante, deixo meu convite para que você busque, aprenda, pratique e utilize cada vez mais métodos em seu cotidiano!

APRENDIZADO:

No capítulo anterior, comentei sobre o estigma do passado que, inconscientemente, assombra o presente do gestor: "Saber vender bem produtos e serviços é o suficiente para ter sucesso como líder de vendas". Já no capítulo 2, quero deixar claro quê:

- Vender bem foi importante no passado, agora o desafio é outro: é ter sucesso na conquista da meta por meio da gestão de uma equipe autossustentável!
- Todos nós vendemos o tempo todo, mas muitas vezes não temos consciência disso.
- Identificar, aprender, praticar e atuar com base em um método altera positivamente e de forma exponencial os resultados em vendas.
- Vendedores aprendem muito mais observando as atitudes dos seus gestores do que os escutando.
- Acredite na sua capacidade de ter sucesso. Você pode! Você merece!

EXERCÍCIO

Gestor, se você acredita que está preparado para aprender muito sobre si mesmo através de sua equipe, convido-o a fazer esse teste.

PARTE 1

Peça a um conhecido, amigo de profissão, de preferência alguém desconhecido de sua equipe de vendas, que faça uma entrevista com dois ou três de seus vendedores buscando entender como eles pensam, o que valorizam, como lidam com as adversidades, os fracassos e o que mais os ajuda a conquistar bons resultados. Estou seguro de que você encontrará surpresas nem sempre agradáveis nas respostas, porém estará diante de farto material de aprendizado para você mesmo e para sua equipe.

Veja a seguir algumas perguntas que podem ser usadas para essa entrevista:

- Qual é o planejamento estratégico comercial da sua área?
- Como estão as vendas? Por quê?
- O que a área pretende para este ano? Quais são seus objetivos?
- Como você pretende alcançar as metas (ações)?
- Quais são as consequências caso não atinja sua meta?
- Onde você perde oportunidades?
- Quais são os erros mais comuns nas suas vendas?
- O que faz bem no processo de vendas?
- Como você pode agregar valor ao cliente?

PARTE 2

Simultaneamente à entrevista que seu conhecido fará aos vendedores de sua equipe, responda você também ao questionário. É fundamental que você responda de maneira muito aberta e sem julgamentos. Permita-se reconhecer suas percepções sobre a equipe.

PARTE 3

Contraponha e compare as suas respostas com as de seus liderados. Note, anote e reflita se:

- Você está transmitindo com clareza as diretrizes para a equipe?
- Você tinha consciência sobre as dificuldades dos liderados?
- Os motivos que os fazem ter os resultados que experimentam são atribuídos aos outros ou eles assumem sua parcela de responsabilidade?
- Os liderados têm ideias claras e consistentes de como atuar ou estão deixando as coisas acontecerem?
- Eles têm consciência e acreditam nas consequências dos resultados apresentados?
- Eles veem o cliente como alguém que precisa de ajuda ou como um mal necessário para atingirem a meta?

Identifique os pontos de concordância que devem ser reforçados e perceba os pontos de discordância que devem ser discutidos e alinhados. Nos próximos capítulos, veremos como você poderá usar esse material para contribuir com o desenvolvimento de sua equipe.

3

TENHA UM MÉTODO DE VENDAS SUSTENTÁVEL

PASSO 1

Para tornar-se um gestor capaz de desenvolver sua equipe e atingir os resultados esperados, primeiramente é preciso conhecer e utilizar a própria experiência como vendedor, e perceber como extrair dela os melhores resultados. É necessário saber identificar e aplicar os passos que levam ao maior número de conversões no processo de vendas.

Vender é a tarefa básica dos vendedores, e pode ser realizada mais facilmente quando dispomos de um método que nos indique o caminho certo e que possa ser aplicado na prática, no dia a dia, para nos ajudar a conquistar acordos poderosos.

Eis aqui os pontos principais das vendas sustentáveis que o guiarão em suas próximas negociações e devem servir como base de orientação a toda a sua equipe.

CRIE CONEXÃO

Muita gente me procura dizendo que seu maior problema em vendas é o fato de achar que não sabe vender. Interessante é que depois de alguns minutos de conversa descubro que, na maioria das vezes, o não saber encobre outras questões. Normalmente, o real motivo é a vergonha de vender.

Ser visto ou se apresentar como vendedor gera um sentimento de vergonha de si próprio que bloqueia qualquer tentativa de aprender ou praticar métodos de vendas que sejam eficazes.

Você alguma vez já sentiu vergonha? Vergonha de se apresentar ou de vender algo para alguém?

A vergonha é uma questão universal e constitui um dos sentimentos humanos mais primitivos; todos a sentem, mas ninguém quer falar a respeito dela. O problema é que, quanto menos se fala, mais se sofre, pois ela terá mais controle sobre nossa vida.

Em seu livro *A coragem de ser imperfeito* (2013), a escritora e pesquisadora da Universidade de Houston Brené Brown apresenta com muita clareza os fundamentos dessa questão. Há algumas maneiras de refletir sobre a vergonha. É possível interpretá-la como o medo da falta de conexão, de romper o vínculo com alguém, seja por algo que fizemos ou deixamos de fazer, por um ideal que não conseguimos alcançar ou por uma meta que deixamos de cumprir. Isso nos faz sentir que somos indignos de nos relacionarmos com outras pessoas.

As pessoas se sentem diminuídas em situações em que precisam vender, preferem nem tentar; por isso, tomam o caminho mais fácil, porém nada inteligente: decidem que nunca serão capazes de vender seja o que for e perdem oportunidades incríveis!

A raiz desse problema está em duas questões.

A primeira está relacionada ao estereótipo, ou seja, ao prejulgamento que fazemos dos vendedores. Duvida? Sabe quando você entra em uma loja, apenas para passear, e logo aparece um vendedor, de repente, querendo lhe vender quase todo o estoque? No mesmo instante, você pensa em se virar e sair dali, pois sabe: vendedores são chatos e insistentes. As histórias que ouvimos desde crianças e as experiências em situações como essa geram o preconceito que se manifesta no momento em que temos a missão de vender alguma coisa. Acabamos achando que as pessoas nos julgarão dessa maneira, mesmo adotando comportamentos diferentes.

A segunda tem a ver com a capacidade de aceitar a si próprio exatamente como se é. Como diz Brené (2013), a vergonha existe a partir da ideia que as pessoas têm de que não são boas o bastante, bonitas o suficiente, legais o quanto precisariam ser, se acham menos inteligentes que os outros, e daí por diante. Em seu livro, ela revela a conclusão de anos de pesquisa e estudos relacionados ao tema: conexão na vida.

A conexão que a autora apresenta é, na essência, a mesma que precisamos encontrar em um processo de vendas: ter a coragem de aceitar a si mesmo do jeito que se é! Ou seja, ter a coragem de ser imperfeito e, mesmo assim, permitir que você seja visto, verdadeiramente visto!

É ter uma dose de vulnerabilidade que faz da interação de vendas um momento gostoso, agradável e bacana. Um contato entre duas pessoas que estão buscando atender e suprir suas necessidades, uma com a ajuda da outra. E para conduzir um bom processo de vendas, que ajude seu cliente a tomar a melhor decisão e no qual se tenha sucesso, é preciso, antes de tudo, criar e fortalecer uma conexão!

Para aumentar suas chances de estabelecer e consolidar essa conexão logo no início do contato com seu cliente, existem dois comportamentos, posturas que disparam o gatilho para que a outra parte se sinta mais próxima de você, ou seja, se sinta conectada:

1. APRESENTAÇÃO PESSOAL E DA EMPRESA OU NEGÓCIO QUE VOCÊ REPRESENTA

Você confia em alguém que não conhece? Alguém sobre quem não sabe nenhuma informação? Lógico que não! Assim funciona nossa razão: sem informações básicas, nosso cérebro conclui que aquela pessoa que está diante de nós não representa necessariamente uma ameaça, porém não pode ser considerada uma pessoa confiável. Uma boa apresentação, tanto pessoal como da empresa ou do negócio o qual se representa, ajuda o cliente a começar a conhecer a pessoa que está diante dele e contribui para o surgimento da conexão e da confiança por parte do cliente.

2. QUEBRA-GELO

Tecnicamente, defino quebra-gelo como a introdução de um assunto de interesse mútuo (não relacionado ao tema da venda) logo no início do contato, antes ou depois das apresentações. Um elogio sincero ou um comentário sobre uma novidade que recentemente passou a fazer parte da vida do cliente são ótimos temas para se incorporar em um quebra-gelo. Assuntos corriqueiros também são bastante recomendados: a previsão do tempo, o evento ocorrido na cidade durante o último fim de semana etc. Por convidar o cliente a falar sobre algo em que ele costuma ter interesse, essa técnica ajuda a criar um clima amistoso no contato das vendas, facilitando inclusive uma transposição mais segura para momentos mais "quentes" durante a negociação, como veremos adiante neste capítulo. Agora, atenção: não que sejam proibidos, porém há alguns temas que são arriscados demais e, portanto, devem ser evitados – a não ser que se conheça bem seu interlocutor. São eles: política, religião, orientação sexual e família. Só decida utilizá-los caso tenha muita segurança do que vai dizer e, principalmente, da provável reação da outra parte.

MANTENHA-SE EM SINTONIA COM O CLIENTE

A tomada de perspectiva está no centro da nossa habilidade em gerar sintonia nos relacionamentos.

Muitas vezes, temos a oportunidade de encontrar alguém interessante, importante para nós ou para o nosso negócio e, como na vida, a venda é feita de encontros, pessoais ou virtuais. Agora, quando o "santo não bate", fica muito difícil levar qualquer tipo de relacionamento adiante. A falta de atenção do outro é uma das piores coisas que podem acontecer a uma pessoa. Em vendas, este é o maior dos vilões, pois faz qualquer um se sentir só, menosprezado, rebaixado.

Ao contrário do que muitos pensam, reverter essa situação está muito mais ao alcance de nossas mãos do que se possa imaginar: é preciso ajustar a sintonia, a qualidade de colocar suas ações e sua visão em harmonia com outras pessoas e com o contexto em que você se encontra. Pense nisso como se fosse o botão do *dial* do rádio do seu carro. É a capacidade de mudar de estações, de um lado para o outro, conforme as circunstâncias do momento exigem, parando no que está sendo transmitido, mesmo que o sinal não seja imediatamente claro ou óbvio.

Daniel Pink, em seu livro *To sell is human* [Vender é da natureza humana] (2012), nos faz refletir sobre três princípios que desenvolvem a habilidade de sintonizar-se aos outros:

1. AUMENTE SUA FORÇA REDUZINDO-A

Assuma que você não é a pessoa mais importante na relação. Lembra-se da vez em que você conheceu alguém em uma festa ou em um evento de trabalho e, logo ao iniciar a conversa com essa pessoa, percebeu que ela não parava de falar sobre suas conquistas, quanto era boa nisso ou naquilo? Quanto tempo você aguentou ficar ali de papo com ela? Provavelmente, você pediu licença na primeira oportunidade, inventou que iria pegar uma bebida e deu o fora o mais rápido possível. Por outro lado, lembre-se de uma ocasião em que você conheceu alguém que se interessou em lhe escutar e fez isso com atenção, ou seja, quanto mais você falava, mais ela escutava, atenta e interessada ao que você dizia. Como se sentiu nesse momento? Provavelmente com vontade de permanecer ali por muito tempo com aquela pessoa adorável! É assim que as coisas funcionam nos relacionamentos.

Comece seu encontro supondo que você tenha uma posição de menos poder. Isso o ajudará a influenciar positivamente a outra pessoa.

2. USE A CABEÇA TANTO QUANTO O CORAÇÃO

Os cientistas sociais frequentemente veem a perspectiva e a empatia como gêmeas, muito próximas, mas não idênticas.

Segundo o dicionário *Michaelis*[6], perspectiva é o "modo particular com que cada pessoa, influenciada por seu tipo de personalidade e por suas experiências, vê o mundo". A tomada de perspectiva é uma capacidade cognitiva, tem mais a ver com o pensar; ela é aquilo que se percebe externamente, ou seja, a aparência ou aspecto de algo quando observado com certo grau de distanciamento; é a suposição da aparência de alguma coisa, observada a partir de determinado **ângulo ou ponto de vista.**

A empatia é uma reação emocional, versa mais sobre sentimentos. O significado encontrado no *Michaelis*[7] trata da habilidade de "compreensão dos sentimentos, desejos, ideias e ações de outrem" ou "qualquer ato de envolvimento emocional em relação a uma pessoa, a um grupo e a uma cultura".

Ambas são cruciais!

As vendas frequentemente envolvem cooperação *versus* competição, ganho coletivo *versus* vantagem individual. Portanto, insistir demais é contraproducente, pois você se torna chato; e excesso de sentimento também não é o melhor caminho, pois você pode se

---

6 Disponível em: <http://michaelis.uol.com.br/busca?r=0&f=&t=&palavra=perspectiva>. Acesso em: ago. 2017.

7 Disponível em: <http://michaelis.uol.com.br/busca?r=0&f=0&t=0&palavra=empatia> Acesso em: ago. 2017.

afastar demais dos próprios interesses. A tomada de perspectiva indica ser a direção mais adequada entre esses dois extremos, permitindo um ajuste de sintonia que traz equilíbrio entre esses polos. Por outro lado, a empatia pode ajudar a construir relacionamentos duradouros e a diminuir os conflitos.

A alternativa que mais contribui para fortalecer a sintonia nos relacionamentos, nas vendas, é o equilíbrio entre pensar e sentir.

3. COPIE COMPORTAMENTOS, POSTURAS E AÇÕES – FAÇA *RAPPORT*

Os seres humanos tendem a se deixar influenciar por aqueles que reconhecem como semelhantes. Sem perceber, costumam fazer o que os outros fazem, imitam comportamentos, posturas, ações, expressões etc. É o chamado efeito camaleão.

Vendedores de sucesso imitam os gestos e posturas de seus parceiros de negócio para obter melhores acordos. Para as pessoas isso é uma tendência natural que serve como uma comprovação social e, o melhor de tudo, gera confiança.

Em neolinguística, isso se chama fazer *rapport*, uma imitação estratégica que deve ocorrer de forma consistente, mas sutil, para que você não se torne um boneco animado, um robô.

Para aumentar a garantia de que sua conexão com o cliente esteja em boa sintonia e, com isso, se fortaleça ao longo do contato estabelecido, recomendo que você imite o jeito do seu cliente. Eis alguns exemplos de como isso pode ser feito.

Quando seu cliente esfregar o rosto, você também deve fazê-lo. Se ele encostar as costas na cadeira ou se inclinar para a frente, você também deve fazê-lo. Se você nota que ele está sentado com uma das pernas cruzada sobre a outra ou está de braços cruzados, você também deve fazê-lo. Note o tipo de vocabulário que ele utiliza, além da entonação, velocidade e altura da voz, e procure da mesma forma fazê-lo. No entanto, é importante que você imite-o com sutileza, para que ele não perceba o que você está fazendo; do contrário, essa técnica pode significar um "tiro no pé". Também evite direcionar atenção excessiva às suas imitações para não perder o foco na condução do seu contato de vendas. O desafio é encontrar um modo eficiente e ao mesmo tempo sutil de imitação, que o mantenha no foco.

ATIVE SUA FUNÇÃO ESCÂNER

A maneira mais fácil de conseguir o que se quer em uma venda é ajudar o outro a conseguir o que ele quer!

Durante o processo de vendas, normalmente nossas atenções ficam voltadas para nossas próprias necessidades, se elas serão ou não atendidas. A ideia inconsciente é que fechar a venda é a única coisa que importa, e raramente as partes se concentram no que há por trás das propostas e exigências apresentadas pela outra.

Por isso, você tem de estar determinado a descobrir o que é importante para seu cliente. O que ele realmente quer e deseja como resultado da sua visita.

É preciso que você aprenda a analisar (ou seja, passar pelo escâner) a pessoa com quem negocia e identificar suas necessidades e também as da empresa que ela representa. Isso significa fazer um bom e detalhado diagnóstico!

Os vendedores mais atentos costumam ficar ligados nas necessidades, dores e nos anseios de seus clientes. Eles sabem que esse é um ponto-chave para a conversão da venda.

É justamente a busca de clareza em relação aos verdadeiros interesses e necessidades do cliente que sustenta a construção e a apresentação de excelentes propostas de solução com valor para o cliente.

A ferramenta número 1 dos vendedores de sucesso que mantém ativa sua função escâner é a arte de fazer perguntas. Perguntar é o que converte apresentações de vendas em visitas de vendas, ou seja, é o que estabelece o diálogo. Perguntar é também o que dá ao vendedor o controle da reunião. Fazer perguntas inteligentes nos permite obter uma quantidade de informações a respeito dos pensamentos, planos, necessidades e motivações do cliente.

Porém de nada serve perguntar se não se escuta atentamente as respostas obtidas. É necessário dar tempo para que o cliente elabore-as, em vez de se antecipar e colocar as respostas na boca dele. Muitas vezes, ouvimos menos do necessário porque pensamos que já sabemos as respostas ou imaginamos que ouvir nos faz perder o controle da reunião; ou então ficamos preocupados em preparar nossas próprias respostas.

Qualquer que seja a razão, a verdade é que a "falta de perguntar e ouvir" invariavelmente bloqueia nossa capacidade de enxergar o cliente além do ponto que nossos olhos alcançam e, por consequência, nos faz perder ótimas oportunidades de negócios.

FALE DOS BENEFÍCIOS

Fale a linguagem de seu cliente, mostre os benefícios da sua proposta. O que ele ganhará com ela?

Após investir um bom tempo diagnosticando e buscando entendimento das reais necessidades do cliente, adquirimos conhecimento para apresentar a solução adequada que satisfará essas necessidades. Uma verdadeira solução de valor para ele.

Ao apresentar a solução proposta, muitas vezes os vendedores não falam em benefícios, pois temem ser redundantes, imaginando que seus clientes já os conhecem. Outras vezes não falam por não conhecerem os benefícios, já que são treinados nos aspectos técnicos, ou seja, nas características dos produtos e serviços.

Falar em benefícios é falar a linguagem do cliente. É ajudá-lo a responder à pergunta que sempre carrega consigo, mas nem sempre coloca na mesa: "O que eu ganho com isso (produto/serviço/ideia) que você está me apresentando?".

A forma mais eficaz de identificar os benefícios de um produto, serviço ou ideia é perguntar ao seu cliente: "O que você espera ganhar com a aquisição desse produto, serviço ou ideia?". Clientes pensam em termos de benefícios que atenderão e satisfarão suas necessidades, por isso, invariavelmente respondem a essa pergunta de forma muito direta, expressando sua expectativa de ganho. Esteja atento e anote as respostas. Benefícios podem ser tangíveis ou intangíveis; o mais importante é que traduzam claramente o que o cliente valoriza como resultado das características daquele produto, serviço ou ideia. Por exemplo, um aspirador de pó que utiliza sacos coletores descartáveis para ajudar a higienizar a casa, além de 1000 W de potência e alto poder de sucção. Em termos de benefícios, seria um aspirador de pó muito prático, que auxilia na economia de energia e torna o trabalho muito mais ágil.

NEGOCIE AS OBJEÇÕES

No Brasil, está institucionalizado o famoso pedido de desconto, a pechincha na hora de fechar a compra.

Para quem compra, parece até uma obrigação pedir desconto; se não pedir, estará "deixando de levar vantagem"! Para quem vende, porém, receber um pedido de desconto é como levar um soco na boca do estômago! Tudo o que se quer é receber o valor justo por ter contribuído com dedicação para o cliente conseguir o que quer ou precisa.

Outra situação que ocorre com frequência é, após a apresentação da proposta, o cliente expressar sua indiferença em relação ao valor que aquela solução carrega para seu negócio. Ou então faz a comparação imediata com algum concorrente que o cliente afirma ser mais barato. Ainda como exemplo de situações comuns nas relações comerciais é o cliente, inseguro quanto à confiabilidade da solução apresentada por você, dizer que precisa pensar melhor sobre a proposta e quer conversar com seu sócio ou outro profissional da empresa para que, juntos, possam ter a certeza de que estão fazendo o melhor negócio.

Pode não parecer, mas essa postura que muitos clientes adotam repetidas vezes afeta muito a vida do vendedor, mesmo porque nem sempre o desconto cabe no preço do produto, ou a percepção do valor agregado acontece de forma natural, ou o produto/serviço do concorrente possui as características e condições que o tornam passível de comparação. São momentos como estes que criam um impasse.

Estes são exemplos comuns daquilo que chamo de objeções. E muitas vezes essas objeções são também carregadas de críticas negativas. Seja em que forma for, a questão é que receber uma objeção desequilibra qualquer um.

Embora este seja um sentimento que provavelmente você já experimentou e sabe que não é nada bom, há algo que pode mudar essa angústia. Um caminho que contribui na condução da venda para transformar objeções em oportunidades de fechar o negócio.

Ao adotar um ponto de vista diferente, percebemos que uma objeção nada mais é do que uma dúvida amarrada ao interesse de compra do cliente! Por exemplo, se o cliente pensa "Será que o produto do concorrente é mais barato?" ou "Quem me garante que isso funcionará para mim?", ele pode simplesmente dizer "Está caro!" ou "Não é disso que estou precisando!", escondendo a sua verdadeira dúvida.

Pense nisso: ninguém entra em uma loja e começa a fazer objeções sobre tudo. As pessoas só fazem objeções sobre aquilo em que têm interesse!

Agora, imagine se você puder solucionar todas as dúvidas dos clientes... O que sobra? Somente o interesse dele pelo seu produto. Então, o segredo é ajudar o cliente a responder a suas dúvidas!

Comece colocando-se no lugar do cliente, dando espaço para que ele exponha suas necessidades e se sinta confortável na negociação. Não significa que você obrigatoriamente deverá atender a todos os pedidos, mas trará mais condições para que encontre um acordo que funcione para os dois.

Faça boas perguntas ao cliente, com o objetivo de entender as dúvidas que ele tem. Somente se dê por satisfeito quando estiver claro para você o que impede que ele siga adiante na compra. Consciente do motivo que fez com que ele parasse o processo de compra e qual a objeção que o impede de fechar o negócio, dê a resposta que melhor esclarece suas dúvidas.

Ao final desse processo, lembre-se sempre de confirmar se sua resposta eliminou as dúvidas do cliente e, principalmente, de sugerir o fechamento do negócio.

BUSQUE O FECHAMENTO

Feche a venda antes de o processo terminar. Ajude seu cliente a tomar a decisão que ele precisa!

Fazer o fechamento é o objetivo de todo o processo de vendas. Sem fechamento, não serve de nada todo o esforço investido até aqui. É como o gol no jogo de futebol! Uma venda só estará completa com a conclusão de um acordo bom para todos.

Não espere que a outra parte tome a iniciativa ou que decida por você. Fechar o negócio é mais do que algo que acontece no fim da reunião. A melhor maneira de abordar o fechamento é reconhecer que ele se inicia antes de você se encontrar com o cliente, no momento em que estabelece os objetivos do seu contato, e continua durante toda a sua visita de vendas à medida que você obtém informações e verifica o entendimento dessas informações. É essencial ir fechando cada tópico ou assunto durante todo o processo da venda para garantir que o cliente esteja junto com você na hora de concluir o negócio.

Quando perceber que uma alternativa atende seus objetivos e também satisfaz a outra parte, proponha o fechamento do acordo e garanta o resultado da sua venda.

Cinco passos são fundamentais para qualquer fechamento:

1) Verifique se cobriu as preocupações-chaves de seu cliente e certifique-se de que a proposta aceita por ele está diretamente conectada ao atendimento do seu interesse.

2) Resuma os benefícios. Relembre-o dos ganhos que a entrega do conteúdo da sua proposta lhe proporcionará.

3) Jamais se comprometa com algo que você ou a empresa que você representa têm dúvidas se serão capazes de entregar.

4) O fechamento não se trata exclusivamente da assinatura do contrato ou da emissão do pedido. Muitas vezes, significa cumprir uma etapa no processo de vendas com seu cliente para que a próxima possa ser iniciada, permitindo a continuidade do processo até o fechamento final. O tempo que um processo de vendas pode levar até sua conclusão pode durar dias, semanas, meses ou até anos.

5) Inicie imediatamente a revisão das condições pactuadas na proposta aceita por ambos e os próximos passos que garantirão a entrega da solução.

O QUE VOCÊ PRECISA LEMBRAR PARA AUMENTAR AINDA MAIS AS CHANCES DE TER SUCESSO NAS VENDAS?

Tome muito cuidado com a famosa Lei do Gerson ("Gosto de levar vantagem em tudo"). Muita gente perde o foco, se esquece do seu objetivo e até mesmo perde a venda tentando "espremer" um pouco mais o cliente. Se o seu objetivo estiver sendo contemplado, feche o negócio! Poupe a energia de querer conseguir um pouco mais para quando vocês forem negociar novamente. Com a satisfação de ambos garantida por uma boa negociação, seguramente haverá novos encontros para negociar novos acordos.

Como você viu, falamos aqui sobre como conseguir converter uma venda sem ter de abrir mão das coisas que são importantes na relação com o seu cliente. Você também pôde perceber que para ganhar em um processo de venda seu cliente não precisa perder e vice-versa. Quando todos ganham, a venda e a relação se fortalecem.

O QUE O GESTOR TEM A VER COM ISSO?

De nada adianta ter um ótimo relacionamento com a equipe se não somos capazes de auxiliá-la no tratamento das questões que a impedem de obter melhores resultados. Ter um método de vendas e saber como utilizá-lo garantirá que você saiba quando e como precisará ajudar sua equipe nos aspectos técnicos de vendas.

Como vimos no capítulo anterior, muitos vendedores não investem no aprendizado de técnicas e metodologia que os ajudem a obter os resultados desejados e melhorá-los constantemente. Sua responsabilidade como gestor é desenvolvê-los para que a atuação deles junto aos clientes gere o resultado que vocês precisam. Para isso, é fundamental que você tenha um método de vendas que sirva de modelo, que oriente o trabalho de sua equipe e crie uma linguagem comum facilitando a comunicação entre todos e se torne a base do aprendizado constante. Em resumo, isso significa ter um método de vendas sustentável que possa ser replicável para todos os vendedores da sua equipe.

APRENDIZADO:

A base para conduzir com excelência uma equipe de vendas é conhecer, praticar e compartilhar um método de vendas sustentável.

As seis atitudes que garantem vendas sustentáveis são:

1) **Crie conexão** – Treine sua habilidade de estabelecer e fortalecer conexão.

2) **Mantenha-se em sintonia com o cliente** – A tomada de perspectiva está no centro da nossa habilidade em gerar sintonia nos relacionamentos de vendas.

3) **Ative sua função escâner** – A maneira mais fácil de conseguir o que se quer em uma negociação é ajudar o outro a conseguir o que ele quer!

4) **Fale dos benefícios** – Use a linguagem do cliente, mostre os benefícios da sua proposta. O que ele ganhará com isso?

5) **Negocie as objeções** – As objeções do cliente são sua maior declaração de interesse no fechamento da venda.

6) **Busque o fechamento** – Uma venda só estará completa com a conclusão de um acordo bom para todos.

EXERCÍCIO

Gestor, o desafio agora é perceber quanto você mesmo está disposto a organizar seu método de vendas. Afinal, só será possível transmitir conhecimento quando o conteúdo estiver organizado e claro para si mesmo.

Durante os próximos sete dias, procure observar a si próprio nos momentos de vendas, sejam de produtos, serviços, projetos ou ideias, por mais simples ou complexos que possam parecer. Busque identificar quais são os passos ou etapas que você percorre do início à conclusão do processo. Ao final, procure avaliar os resultados e, se achar necessário, faça a própria versão dos passos da venda sustentável. O objetivo é você ter segurança de que possui algo prático e eficaz para transmitir e que lhe ajude a desenvolver sua equipe de vendas.

Depois de fazer essa reflexão, registre suas conclusões e mantenha-as em um lugar visível em seu dia a dia.

4

REALIZE A TRANSIÇÃO DE VENDEDOR A GESTOR

PASSO 2

AS DIFERENÇAS NOS PROCESSOS DE MUDANÇA E DE TRANSIÇÃO

A mudança de cargo de vendedor a gestor normalmente é vista com miopia pelos líderes recém-empossados. Geralmente não se dão conta de que essa mudança no mundo externo – o cargo e as novas tarefas e responsabilidades – desencadeia processos de mudança no seu mundo interno: o movimento de transição.

Você pode mudar seu cartão de visitas, a sala que ocupa, o valor de remuneração, mas se continuar pensando, sentindo e fazendo as mesmas coisas, essas mudanças externas praticamente não surtirão efeito. Um novo cargo não terá chance de sucesso se os líderes de equipes comerciais não fizerem internamente uma transição do velho para o novo.

O processo de mudança externa tem uma dinâmica diferente do processo interno de transição, segue princípios diferentes. Ao não perceber isso, o líder põe em perigo o trajeto e o resultado esperado da mudança. Sem perceber provoca dificuldades desnecessárias para si próprio e para sua equipe.

Geralmente, as pessoas resistem à transição, não à mudança em si! A segunda é mais prática, operacional; a primeira, no entanto, é mais profunda e exige uma reprogramação do comportamento do gestor.

Para compreender a vivência psicológica que as transições causam, William e Susan Bridges, em seu livro *Managing transitions* [Gerindo transições] (2009), esclarecem de forma direta e precisa que um processo de transição se compõe, basicamente, de três fases:

- **A conclusão** – O "fim" significa dizer adeus à situação ou fase anterior.
- **A transição em si** – Do velho ao novo, que podemos chamar de "zona neutra", na qual o velho já ficou para trás e o novo ainda não chegou, é o percurso de adaptação.
- **O novo começo** – O início de uma nova fase.

O fato é que esses estágios da transição, quando mal-conduzidos, acabam levando muito mais tempo para chegar ao ponto desejado e acarretam mais desgaste que qualquer um poderia prever ou desejar.

Para ajudá-lo a percorrer essa jornada, analisaremos cada uma dessas fases nas próximas páginas.

AS TRÊS FASES PARA A TRANSIÇÃO

Figura 1 – Fases da transição de vendedor a gestor

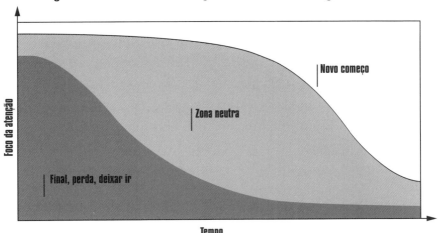

Fonte: adaptada de BRIDGES, William; BRIDGES, Susan (2009).

FASE 1 - O FIM

NÃO SE PODE CHEGAR A UM DESTINO SEM DEIXAR A SEGURANÇA DO SEU PORTO!

Um processo de transição se desenrola de maneira diferente de um processo de mudança. No processo de mudança, o foco está no objetivo em que se quer chegar, no plano de ações e nas metas que se quer atingir no tempo planejado. O processo de transição tem uma dinâmica totalmente diferente. Ele não começa com um objetivo, mas com um fim. Para abraçar uma nova missão, novos papéis ou valores, é preciso primeiramente deixar para trás os aspectos que, a partir de agora, fazem parte do passado. E essas percepções, sejam elas gradativas ou abruptas, precisam ser administradas. É preciso abandonar o velho para poder iniciar por inteiro o novo desafio de conquistar a meta com a equipe, e não mais com as próprias mãos.

O processo de transição é difícil, pois a maioria das pessoas não gosta de deixar algo para trás, se despedir do conhecido e, consequentemente, confortável. Mesmo depois de oficializada a mudança de cargo, agora não mais como vendedor e sim como líder, a tendência é continuarmos enraizados nas experiências, resultados e crenças do passado, usando-os como apoio sem nos darmos conta de que são esses aspectos que determinarão os resultados futuros.

É sempre muito difícil desvincular-se de uma situação que passou, mas é muito melhor um final com um grande susto, do que sustos contínuos sem fim. O que causa grande desgaste não são as mudanças em si, mas os longos períodos de transição e adaptação frequentemente mal administrados. É muito comum a dificuldade em incorporar os novos hábitos, em passar o bastão e confiar plenamente no outro que, agora, será responsável por executar as atividades que antes faziam parte de sua rotina.

Observe a seguir os pontos de atenção dessa fase:

- **Identifique as perdas geradas pelo abandono do passado** – Fazer de conta que haverá apenas consequências boas é rejeitar o curso natural da transição. Identificar as perdas contribui para a renúncia do passado, à medida que clarifica o custo a ser pago pelo resultado futuro desejado: quais devem ser as suas prioridades a partir de agora, o que você deve deixar de fazer, quais as novas posturas esperadas da sua atuação.

- **Respeite o passado** – Não necessariamente o passado precisa ser visto e entendido como algo negativo, muito pelo contrário. A questão é que, em razão da dinâmica do mercado e da vida, as coisas que funcionaram no passado nem sempre serão as mesmas que gerarão melhores resultados no futuro.

- **Valorize os aprendizados** – À medida que esses aprendizados vão aparecendo ou sendo trazidos pelos influenciadores no processo de mudança desde o início da transição, é fundamental valorizá-los para se tornar o gestor que a sua equipe precisa.

FASE 2 - ZONA NEUTRA

A TERRA DE NINGUÉM ENTRE O VELHO E O NOVO.

O desdobramento da fase da despedida e do desprendimento não é o resultado da mudança. O próximo estágio leva a um terreno estranho, na maioria das vezes totalmente desconhecido. É a zona entre o velho e o novo. O vendedor venceu o desafio de largar o velho. As estruturas, os procedimentos e as regras de antes já não determinam mais o caminho a seguir, mas o novo, embora possa ser visualizado, ainda não está completamente dominado.

Uma vez que a virada no mundo externo já aconteceu, mas a virada no mundo interno ainda está em processo, temos a tendência de permanecer em uma espécie de "terra de ninguém", na qual o desconforto gera dúvidas sobre as decisões assumidas. É nesse período que os líderes enfrentam os maiores riscos de estagnação ou fracasso da mudança que já foi iniciada. Tendem a retomar os velhos hábitos, se encantar novamente com os resultados desses hábitos e jogar fora todo o esforço despendido até esse momento.

Toma tempo para que o gestor se reoriente entre as velhas maneiras de fazer as coisas (papel de vendedor) e as novas formas de trabalhar, de se relacionar, de conduzir a equipe comercial (papel do líder).

É uma fase inerente a qualquer processo de transição e é potencialmente perigosa, já que antigos problemas frequentemente reaparecem e se tornam fontes de acusação àqueles que ficam procurando culpados, na tentativa de aliviar a ansiedade e a preocupação em razão do próprio processo de transição.

As mesmas confusões que tornam tão conturbado o tempo entre o velho e o novo também podem fazê-lo muito criativo e motivador, porque a resistência às mudanças, por outro lado, pode começar a diminuir. Tanta coisa está mudando de qualquer modo, então por que não experimentar? É nessa fase também que costumam despertar novas ideias e soluções; por esse motivo, pode vir a ser uma das fases mais criativas da sua trajetória.

Na situação antiga, não havia grande motivação para inovar e criar coisas novas, afinal, os resultados seguiam as regras da empresa e respeitavam as determinações do gestor. A nova fase implica direcionar esforços e tempo para implantar e consolidar as mudanças que agora, como líder, você acredita e sabe que podem dar certo. Contudo, essa criatividade do período de transição não se materializará se não for cultivada, incentivada e legitimada.

Se autoconduzir pela zona neutra requer conhecimento do processo de transição, autoconhecimento e clareza dos objetivos que desencadearam o processo de mudança.

Observe a seguir os pontos de atenção dessa fase:

- **Poupe sua equipe de mudanças desnecessárias tanto quanto possível** – Ela também estará absorvendo as pressões e os incômodos dessa fase que já está em andamento, e é muito importante consolidar os novos fluxos e dinâmicas que se estabeleceram.

- **Atente à baixa motivação** – Esteja alerta para eventuais quedas na motivação dos vendedores de sua equipe. Verifique as ações pontuais ou gerais que precisam ser tomadas. A primeira delas é entender como cada um deles está percebendo essa mudança e de que forma isso os afeta. É fundamental trabalhar a confiança e a sinergia da equipe para que esta esteja alinhada e possa seguir para a nova fase.

FASE 3 - O NOVO COMEÇO

Um processo de transição começa com um fim e termina com um novo começo. Um novo começo somente terá consistência se o processo de se libertar do velho e o caminho pela zona neutra forem realizados com atenção às implicações que cada uma dessas fases exige e consciência de onde se quer chegar. Este momento representa a consolidação dos novos pensamentos, valores e convicções fundamentais para o surgimento das novas formas de liderança, cooperação e garantia do resultado planejado.

Em uma mudança de cargo, de vendedor a gestor, todos passam pelas três fases dos processos de transição – o fim, a zona neutra e o novo começo. Cada um passará por essas etapas à sua maneira. Transições lentas não são piores do que transições rápidas. O mais importante é desenvolver a percepção do ponto em que você e seu time estão no processo e manter o canal de comunicação aberto, para que todos se sintam reconhecidos e valorizados em todo o percurso. Não imagine que sua equipe esteja consciente disso, ou que ela tenha realizado suas respectivas transições tão rápido quanto você. Como líder, não diga à sua equipe somente onde tem de chegar: explique a ela também como fazê-lo!

Observe a seguir os pontos de atenção dessa fase:

- **Fique atento a antigos problemas** – A qualquer momento eles podem retornar, mesmo que talvez não estejam ligados diretamente a essa mudança, mas a algo considerado cultura da equipe.

- **Perceba o comportamento de sua equipe** – Mantenha olhos e ouvidos abertos às mensagens e aos sinais confusos que sua equipe demonstra. Isso pode significar que as pessoas estão se sentindo perdidas, sem saber o que fazer e, talvez, sentindo-se inseguras.

- **Conduza bem as polarizações na equipe** – Pode haver pessoas a favor da mudança e outras, contra (estas ainda deverão estar de luto pelo que mudou). Identifique as melhores ações para endereçar essa questão. Escute os opositores, tente acolhê-los e entender o lado deles. Estimule os favoráveis a semear os benefícios da mudança. Veja se pode fazer alguns aliados nesse sentido.

NOVOS APRENDIZADOS – OS TRÊS PONTOS-CHAVES A SEREM DESENVOLVIDOS

Quando o vendedor recebe a notícia de que foi escolhido para receber a promoção a líder da equipe de vendas, uma explosão de sentimentos acontece em seu peito e provoca pensamentos de satisfação e de certeza de que fez o trabalho certo nos últimos anos. Em seguida, ele liga para a família e para os amigos, a fim de contar a novidade, e, ao voltar para casa, provavelmente haverá uma festa para comemorar a tão sonhada promoção. A sensação é de dever cumprido, e as recompensas pelo trabalho duro dos anos como vendedor finalmente virão.

Infelizmente, porém, a maioria não se dá conta de que sua jornada de desenvolvimento profissional está começando, não terminando. Como já vimos neste capítulo, a transição que uma mudança de cargo (de vendedor a gestor) exigirá é mais desafiadora e complexa do que jamais se experimentou.

As organizações, muitas vezes, não veem o desenvolvimento dos vendedores como parte integrante de sua estratégia de negócios para vender mais e melhor. Normalmente, o consideram apenas mais um item que, se for realmente necessário, faz parte das atribuições da área de recursos humanos.

Ao fazer um paralelo entre conceitos apresentados por Drotter e Charan no livro *Pipeline da liderança* (2013) e a realidade da maior parte dos gestores comerciais, fica claro que uma mentalidade comum nas organizações é enxergar as tarefas comerciais como "o trabalho a ser feito", e não como passos em um processo de desenvolvimento profissional. Poucos reconhecem a necessidade de os vendedores precisarem passar por uma transição também em termos de habilidades e valores ao longo de sua trajetória profissional, principalmente quando se preparam para uma mudança de cargo. Poucos são os profissionais que pensam sobre as competências essenciais e as experiências necessárias para o sucesso do novo gestor de vendas. Em vez disso, a atenção se mantém em características pessoais e capacidade técnica do vendedor. As empresas promovem seus vendedores a gestores esperando que tenham os conhecimentos e as habilidades necessários para dar conta das metas, e não para lidar com os fatores que os farão atingir metas por meio da equipe comercial. Presume-se que, se o vendedor apresenta um bom desempenho nas vendas, provavelmente também terá sucesso à frente de uma equipe comercial. É surpreendente a reação das empresas em relação a essa situação: normalmente, adotam a estratégia de promover o "melhor vendedor, aquele que vende mais" . Várias empresas tomam a decisão de solucionar seus problemas de falta ou insuficiência de vendas identificando e promovendo seus melhores e mais bem-sucedidos vendedores.

Pensando em tudo isso, será que o vendedor que hoje vende mais pode realmente tornar-se amanhã o líder de vendas ideal para a posição? Apesar de o trabalho ser diferente, minha experiência demonstra que isso é possível, mas é preciso atentar à preparação para cumprir tal expectativa.

Estamos acostumados a ver o potencial de crescimento do vendedor na maior parte das vezes pela quantidade de vendas que ele realiza, ou nos restringimos a classificá-lo como "aquele que visita os clientes". Isso torna muito difícil a visão do potencial de crescimento como algo que muda com o tempo. Quando se define potencial como o tipo de trabalho que alguém pode realizar no futuro, fica mais fácil de vê-lo como um conceito dinâmico. O potencial de trabalho futuro se baseia nas habilidades e experiências acumuladas e evidenciadas pelas realizações do passado, pela capacidade de aprender novas habilidades no presente e pela disposição de lidar com tarefas maiores, mais complexas e que exigem aprimoramento no futuro.

O que tudo isso significa?

Vendedores habilidosos podem ter o potencial para se tornar gestores. Para capitalizar esse potencial, no entanto, é necessário ter clareza dos verdadeiros requisitos de trabalho que são necessários para realizar com sucesso a transição de vendedor a gestor e conquistar os resultados através da equipe. Essa passagem requer que os vendedores desenvolvam uma nova forma de atuação que favoreça suas noções de gerenciamento e liderança, de modo que deverá abandonar as formas antigas e se apoiar na reflexão, no desenvolvimento e na consolidação de três áreas-chaves:

- **Habilidades** – As competências necessárias para executar as novas responsabilidades junto à equipe comercial.

- **Gestão do tempo** – Nova agenda que orienta seu trabalho como líder de vendas.

- **Valores profissionais** – O que gestores comerciais acreditam ser importante e que, dessa forma, passa a ser o foco de seus esforços.

Imagine uma situação em que o gestor comercial esteja operando com habilidades, gestão do tempo e valores profissionais inadequados para o cargo que ocupa, ou em que nunca tenha tido a oportunidade ou a curiosidade de aprender o que era preciso. Ou imagine que, por algum motivo, ele esteja apegado demais a um antigo modo de fazer as coisas que lhe rendeu muitos frutos no passado.

Reinaldo é um exemplo típico desse profissional. Recentemente foi promovido a gestor da equipe comercial. Antes disso, Reinaldo provou ser um excelente vendedor, o melhor do time de vendedores da empresa. Ele era tecnicamente superior aos outros vendedores, o que lhe rendeu a promoção. Porém, para solucionar os problemas com os clientes enquanto gestor, ele continua se baseando em uma abordagem "mão na massa" que funcionou muito bem nos últimos anos, quando atuava como vendedor.

Ele gosta do contato com os clientes e se sente à vontade para conduzir reuniões de vendas até concluir o fechamento. De acordo com seus valores profissionais, ele mesmo encontrará a solução para um problema, por exemplo, de prazo apresentado pelo cliente. Acontece que essa postura – embora continue lhe rendendo elogios dos clientes externos e internos, aqueles que acompanham a evolução das vendas – também o impede de mostrar a liderança da qual é capaz. Normalmente, Reinaldo acaba competindo com a própria equipe quando lhes atribui as metas. Sufoca-os psicologicamente com demonstrações de sua expertise, acabando por desperdiçar o próprio tempo e o de seus vendedores. Ele precisa parar de contar com suas habilidades de conduzir reuniões de vendas e fechar negócios sozinho e, em vez disso, aprender a planejar o trabalho que deve ser feito, selecionar os melhores vendedores para realizá-los e ajudá-los a manterem-se constantemente em crescimento, além de definir bem quais são os objetivos a ser partilhados em equipe, assegurar-se de que seus vendedores prestem contas pelos resultados acordados e oferecer constante feedback. É necessário que Reinaldo aprenda tudo isso e outras coisas mais para ser um líder eficaz não apenas agora, mas também no futuro. É por essas e algumas outras razões que ele precisa aprender as habilidades que serão essenciais para criar e gerir uma equipe de vendas sustentável.

Reinaldo ainda não sabe, mas para desenvolver uma liderança eficaz, é preciso identificar e definir aquelas três áreas-chaves na carreira do gestor comercial: habilidades, gestão do tempo e valores específicos para essa posição.

Sem um processo que ajude o líder a adotar habilidades funcionais, uma gestão do tempo eficiente e sem valores profissionais apropriados para o desafio de liderar uma equipe comercial, qualquer metodologia será subaproveitada.

Do ponto de vista da gestão do tempo, atuando como vendedor, o aprendizado envolve planejamento da própria agenda, gestão da carteira de clientes, pontualidade e cumprimento dos prazos combinados. Os valores profissionais a serem desenvolvidos incluem aceitação da cultura da empresa e adaptação aos padrões específicos de comportamento comuns à área comercial. Quando vendedores se tornam habilidosos produzindo bons resultados na conversão de vendas e também demonstram capacidade de colaborar com seus pares, começam a receber responsabilidades adicionais. E quando demonstram habilidade de lidar com essas responsabilidades e atuar em conformidade com os valores da empresa, passam a estar aptos a serem promovidos a gestores da equipe de vendas.

O quadro a seguir sugere os pontos para uma transição de vendedor a gestor que mais contribuirão para o sucesso no novo cargo. De forma geral, a transição se resume à habilidade do gestor de parar de pensar somente em si mesmo e passar a pensar nos outros. Observe como os três pontos-chaves se modificam.

Quadro 2 – Pontos-chaves de vendedor à líder de vendas

	VENDEDOR	LÍDER DE VENDAS
Habilidades	• Conhecimento técnico do produto/serviço • Desenvolvimento de relacionamento visando benefícios e resultados pessoais • Utilização de ferramentas, processos e procedimentos da empresa	• Planejamento – metas de vendas, forma de atuação da equipe, orçamento da área • Seleção de novos vendedores • Definição e delegação das metas • Monitoramento do desempenho • Coaching e feedback • Mensuração do desempenho • Remuneração e motivação • Comunicação e clima organizacional da área
Gestão do tempo	• Disciplina diária nas visitas aos clientes • Cumprimento das metas pessoais • Prestação de contas de suas atividades semanais ou mensais ao líder de vendas	• Planejamento – metas de vendas, forma de atuação, orçamento da área • Disponibilidade de tempo para os vendedores (para ouvir e comunicar) • Entendimento e transmissão da estratégia da empresa • Tempo de comunicação com áreas relacionadas – financeiro, produção, marketing etc.
Valores profissionais	• Obtenção de resultados por meio de profissionalismo • Qualidade na entrega dos resultados • Aceitação dos valores da empresas	• Obtenção de resultados por meio da equipe • Sucesso dos vendedores • Sucesso da empresa • Autocompreensão de seu papel de gestor • Integridade

Fonte: Este quadro é uma adaptação da tabela 2.1 "Passagem 1: Gestão de primeira viagem", encontrada no livro *Pipeline de liderança*. Cujo o crédito identificado é Drotter Human Resourcer, Inc.

Dentre todos os três pontos-chaves, a mudança mais difícil para os gestores envolve seus valores. Mais especificamente, eles precisam aprender a valorizar o trabalho de gestão em vez de apenas tolerá-lo. Eles devem acreditar que é necessário alocar tempo aos outros, ao planejamento, ao coaching e às tarefas similares, e que isso faz parte de suas novas responsabilidades.

APRENDIZADO:

Mudança e transição não são a mesma coisa.

Mudança é algo situacional – por exemplo, a necessidade de aumentar a produtividade, as vendas etc. É objetiva e se relaciona com uma visão de futuro. É o lugar em que se quer chegar.

Transição é um processo psicológico pelo qual os profissionais têm que passar para estarem aptos a lidar com as circunstâncias que uma mudança exige – por exemplo, a passagem de vendedor a gestor comercial.

Um processo de transição se compõe, basicamente, de três fases: a conclusão (o final), que significa dizer adeus à situação ou fase anterior; a transição em si, do velho para o novo, que chamamos de zona neutra, na qual o velho já ficou para trás e o novo ainda não chegou; e o novo começo de uma nova fase.

Há três pontos-chaves que devem ser desenvolvidos como um processo de readequação do comportamento do líder considerando as principais mudanças que devem ocorrer após sua promoção:

- ¤ Habilidades – As competências necessárias para executar novas responsabilidades junto à equipe comercial.

✪ **Gestão do tempo** – Nova agenda que orienta seu trabalho como líder de vendas.

✪ **Valores profissionais** – O que gestores comerciais acreditam ser importante e que, dessa forma, passa a ser o foco de seus esforços.

EXERCÍCIO

Gestor, qual é o seu nível de disposição para identificar e fazer as adequações em sua jornada de transição que aumentarão a garantia de sucesso presente e futuro como líder da equipe de vendas?

A seguir, relaciono uma série de perguntas que visam a estimular suas reflexões e desenvolver atitudes para levá-lo ao próximo nível na carreira de líder de vendas.

Se você não souber responder a alguma dessas questões, não se preocupe. Leve o tempo que precisar e, se for o caso, volte à questão posteriormente. Você também pode consultar a opinião de alguém em quem confie e comparar se a maneira como você se vê é a mesma que transmite às outras pessoas.

1) Tenho encontrado maneiras para "marcar" o fim das minhas práticas do passado?

2) Tenho pensado em formas para compensar as perdas que a transição implica?

3) Tenho dado oportunidade aos meus vendedores para expressarem suas impressões e sentimentos em relação à mudança?

4) Regularmente me questiono se não tenho tentado forçar certezas e finalizações, quando seria melhor para a criatividade viver por mais tempo com a incerteza e as perguntas?

5) Estou cuidando para que meus atos transmitam as atitudes e o comportamento que eu quero que meus vendedores desenvolvam?

6) Quais as principais habilidades que, como líder de vendas, preciso desenvolver ou fortalecer?

7) A gestão de minha agenda favorece o alcance dos objetivos de um líder de vendas que conquista resultados através da equipe?

8) Meus atuais valores profissionais solidificam minha atuação como líder que desenvolve uma equipe de vendas sustentável?

5

DESENVOLVA COMPETÊNCIAS FORTES

PASSO 3

Um dos segredos do sucesso na carreira de qualquer profissional é trazer propósito ao seu trabalho. Nesse sentido, os talentos que gostamos de exercitar, que mais nos motivam, e a maneira como podemos usá-los são pontos fundamentais no gerenciamento pessoal e na conquista do sucesso profissional.

Se você tiver uma equipe e for escalar o Everest, vai querer saber direitinho quem está no seu time e quais são suas forças e suas fraquezas. Senão, você não vai chegar ao topo. Esta analogia se encaixa perfeitamente para as diferentes características que vendedores carregam e quanto o equilíbrio de todos juntos é decisivo para o sucesso da equipe comercial.

Quanto mais clareza você tiver em relação às forças, às fraquezas, aos talentos e às motivações dos vendedores da sua equipe, mais eficiente será no alcance das metas.

Nos quatro cantos do mundo, a maioria dos profissionais tem sido encorajada a identificar, analisar e corrigir suas fraquezas para conquistar melhores resultados. Essa abordagem, embora bem-intencionada, esconde uma falácia no processo de desenvolvimento e fortalecimento da equipe, porque definitivamente não gera eficácia quando o assunto é atingir metas de vendas.

O mundo corporativo tem o péssimo hábito de focar nos pontos fracos. Nas avaliações de desempenho, por exemplo, a regra é focar nas fraquezas dos funcionários para tentar corrigi-las. A consequência é que, ao focar nas fraquezas, com muito esforço você consegue, na maioria das vezes, tornar-se um profissional mediano. Em seu livro *Primeiro, quebre todas as regras* (1999), Marcus Buckingham e Curt Coffman explicam por que isso acontece. Em resumo, a maioria das organizações se apoia em duas premissas equivocadas sobre desenvolvimento profissional:

1) Uma pessoa pode aprender a ser competente em quase tudo.

2) O maior potencial de crescimento de cada pessoa está nas áreas em que ela tem seu ponto mais fraco.

Segundo Buckingham e Coffman, pesquisas realizadas durante quase duas décadas em que atuaram como membros da equipe de pesquisa do Instituto Gallup comprovam o contrário.

O Instituto Gallup perguntou a mais de 1,7 milhão de profissionais em 101 empresas de 63 países: "Quantos de vocês realmente sentem que seus pontos fortes estão em ação diariamente no ambiente profissional?".

Vinte por cento!

Globalmente, apenas 20% dos profissionais pesquisados acreditam que usam seus pontos fortes todos os dias.

Para a maioria dos gestores comerciais essa realidade não é diferente. Costumam dar pouca atenção aos pontos fortes de seus vendedores, pois acreditam que os vendedores se desenvolvem por conta própria, e na maior parte do tempo empenham-se em minimizar seus pontos fracos. Tornam-se peritos em lidar com as dificuldades e constroem estratégias a fim de que essas fraquezas sejam corrigidas para que não interfiram nas habilidades dos vendedores de conduzirem processos de vendas.

Para tudo!

O segredo do sucesso em vendas, na carreira profissional, é focar nos pontos fortes! Quando o gestor põe seu foco nos pontos fortes de cada vendedor de sua equipe, em seus talentos, desenvolvendo e aprimorando o que eles já fazem bem, isso os levará à maestria, tornando-os referência em suas áreas de atuação.

O livro *Descubra seus pontos fortes* (2008), também de autoria de Buckingham, em parceria com Donald O. Clifton, traça as novas premissas que mais ajudam gestores no mundo a terem sucesso com suas equipes:

1) Os talentos de cada pessoa são permanentes e únicos.

2) O maior potencial de crescimento de cada pessoa está nas áreas em que ela já desenvolve seu ponto forte.

Esse é o caminho para não cair na armadilha da valorização do foco nos pontos fracos. O oposto é que levará sua equipe comercial a níveis de eficácia jamais vistos anteriormente.

Selecionar, contratar, treinar e desenvolver vendedores com base em seus pontos fortes explica por que gestores de sucesso têm o cuidado de procurar e escolher o vendedor certo para cada região ou tipo de cliente específico. Eles investem nos talentos de seus vendedores e os avaliam pelo desempenho de seus resultados, em vez de impor um estilo predeterminado. Sabe aquele velho ditado "Trate as pessoas da mesma forma que você gostaria de ser tratado"? É preciso reconhecer o perfil do outro, tirar o foco de si e perceber quais são os pontos fortes de seus vendedores sem usar, como filtro, os próprios pontos fortes. Todos nós desejamos ser reconhecidos por nossa individualidade, não é mesmo? Por isso, as orientações devem ser personalizadas de acordo com o talento que cada vendedor expressa; como consequência, a valorização também se torna individual. Essa é a razão que faz os melhores gestores se dedicarem muito mais a quem de fato, através da aplicabilidade de seus talentos, mais contribui para o alcance das metas da área.

Mas então, você leitor, pode estar se perguntando o que é ou como podemos definir "ponto forte"? É um desempenho constante e consistente, próximo da perfeição, em uma determinada atividade ou prática como meio para se chegar a uma realização.

Em vendas pode ser a diferença entre um vendedor criativo, com facilidade em elaborar formas alternativas de despertar a curiosidade dos seus clientes; ou um vendedor sedutor que sabe melhor do que ninguém quais são o roteiro, as palavras e a postura que deixam encantados seus clientes; ou o vendedor planejador, extremamente hábil na observação e no acompanhamento do comportamento de seus clientes, fato que lhe proporciona previsibilidade dos próximos passos e movimentações, e lhe permite construir um plano de abordagem preciso que se converte em mais vendas; ou ainda o vendedor pragmático, que carrega consigo a força moral de cem homens com determinação para realizar ações de prospecção e jamais desiste diante do fracasso.

Para uma competência ser um ponto forte é preciso que a pessoa seja capaz de realizá-la de maneira consistente. Não se trata de momentos de inspiração. Significa repetir resultados nos mesmos níveis, tentativa após tentativa, com regularidade e qualidade acima da média, o que denota evolução.

Agora, atenção: não é preciso ser bom em tudo, ou seja, você não precisa ter pontos fortes em todos os aspectos envolvidos na atividade de vendas. É necessário identificar suas maiores habilidades e torná-las sua marca registrada.

E o que tudo isso significa? Destacar-se profissionalmente, tornar-se uma referência em vendas só acontece com a maximização dos pontos fortes do vendedor, jamais exclusivamente concentrando-se na correção de suas fraquezas. Isso não quer dizer que os pontos fracos devam ser ignorados. Ao contrário, deve-se encontrar meios de contornar as fraquezas e administrá-las, libertando-se de maiores preocupações improdutivas, o que permitirá aperfeiçoar os pontos fortes de forma mais aguda. Por isso, a orientação aqui é administrar as fraquezas o suficiente para que elas parem de lhe derrubar e liberem atenção e energia a serem direcionadas ao aprofundamento dos pontos fortes.

O gestor comercial encontra o sucesso quando trabalha conscientemente com as competências fortes dos seus vendedores. Quando ele ajuda o vendedor a tirar proveito dos seus talentos, sejam eles quais forem, e das orientações na administração das fraquezas, sejam elas quais forem.

O QUE VOCÊ PRECISA FAZER PARA DESENVOLVER SUA EQUIPE COM BASE NOS TALENTOS DE CADA VENDEDOR?

Em primeiro lugar, é preciso identificar quais são os talentos de cada um deles. Por meio da sua observação, dos feedbacks dos outros vendedores, da percepção dos clientes aos quais ele atende e da forma como entrega seus resultados, descubra como aquele vendedor demonstra o talento que merece ser desenvolvido.

O segundo passo é orientá-lo e ajudá-lo a buscar e incorporar conhecimento sobre determinado talento. Quais são os livros, os cursos, as principais referências quando o assunto é exatamente aquele identificado como talento. É preciso apoiar seu vendedor para mergulhar no desenvolvimento de seu talento para que ele conheça mais sobre si mesmo e suas habilidades; isso ampliará sua perspectiva e, consequentemente, lhe trará novas ideias, novos horizontes de desenvolvimento daquilo que ele já faz bem. Na maioria das vezes, pensamos que o fato de já fazermos algo muito bem, com muita qualidade, nos limita na ampliação do conhecimento em relação ao mesmo tema. É como se ganhar uma competição de culinária indicasse o ápice de conhecimento em relação à cozinha.

O terceiro ponto diz respeito ao aumento da habilidade, a capacidade de transformar o conhecimento adquirido em performance de altíssimo nível na área do talento. À medida que o conhecimento é colocado em prática e refinado com técnicas e persistência em incansáveis sessões de treino, o aprimoramento do talento surge como consequência natural.

AS COMPETÊNCIAS FORTES EM VENDAS

Quais são os pontos fortes que mais contribuem no alcance dos melhores resultados?

Ao olharmos para o processo de vendas e analisarmos quais atitudes e posturas aumentam os resultados de conversão em cada etapa e no processo como um todo, fica claro que as principais competências que mais impulsionam os resultados são:

- Planejamento
- Conexão
- Empatia
- Pragmatismo
- Capacidade de ouvir
- Criatividade
- Persuasão
- Resiliência

Detalharemos cada uma delas e indicaremos como podem ser desenvolvidas e se tornar ainda mais eficazes na atuação de vendedores altamente capazes de converter vendas.

PLANEJAMENTO

O planejamento é a visão sistêmica do processo de vendas. É enxergar com detalhes os eventos de todo o processo com uma ideia clara sobre quando cada um desses eventos deve acontecer.

Planejamento o capacita a abrir caminho em meio à desordem e a encontrar a melhor rota. É um modo de pensar, uma perspectiva especial sobre o mundo. É um olhar que nos permite visualizar padrões nos quais enxergavam apenas complexidade. Com esses padrões em mente se concebem cenários alternativos, sempre se perguntando: E se isso acontecesse? Tudo bem, mas e se aquilo acontecesse? Perguntas recorrentes que ajudam a ver o que há depois da esquina e a avaliar os riscos e vantagens potenciais. Com base naquilo que se enxerga em cada opção, a seleção se torna mais fácil e precisa. Descartam-se as opções que conduzem a impasses ou não levam a lugar algum. O estudo das possibilidades, a separação das etapas e a seleção das ações a serem tomadas resultam na trilha definida para a realização da estratégia, o planejamento. De posse dele, nos tornamos mais fortes e motivados para os desafios da atuação em vendas.

Aprimorar o planejamento consiste fundamentalmente na prática de determinar objetivos, buscar informações sobre o caminho e o objetivo em si, selecionar as alternativas mais adequadas e desenhar um mapa a ser seguido, com determinação para se manter firme ao propósito e flexibilidade para experimentar situações diferentes e melhores.

CONEXÃO E EMPATIA

São competências que fazem parte do método sustentável de vendas. No capítulo 3, falamos sobre o que são elas, como impactam nossa vida e como se desenvolver por meio delas. A propósito, esse é um bom momento para relembrar o método de vendas e os resultados que ele tem gerado.

Se você iniciou a leitura minutos atrás, lembre-se de colocar a conexão e a empatia em prática para vivenciar e medir os primeiros resultados. Se você teve oportunidade de experimentá-las semanas atrás, em suas interações de vendas ou acompanhando seus vendedores, quais aprendizados você e eles tiveram? Com base nessas lições, como vocês podem fortalecer os pontos fortes? Relembre os detalhes da situação.

PRAGMATISMO

Ser pragmático significa ser prático, útil para as pessoas, focado em resultados e na criação de riqueza para todos. Pragmatismo é sobre aplicar toda a energia e inteligência que você tem para gerar negócios para a sua empresa. É ser incansável na busca de resultados utilizando a tentativa e o erro para resolver problemas. Pessoas pragmáticas são orientadas ao presente e, acima de tudo, gostam de desafios.

Vendedores pragmáticos atuam de forma direta e pontual no dia a dia, são assertivos nos relacionamentos com os clientes e a equipe, mantendo seu foco nas coisas que têm de ser feitas. Ao final do dia, é preciso ter algo tangível realizado para se sentir bem consigo mesmo. É um fogo interno que o impele a fazer mais, a realizar mais. Depois que uma meta é alcançada, por um momento o fogo definha, mas muito em breve torna a acender, empurrando-o para o próximo feito. Há uma necessidade implacável de realização. Porém, deve haver certo cuidado para não congelar o coração, a intuição positiva, a empatia e as atitudes construtivas em equipe. Encontrar o ponto de equilíbrio é o grande desafio.

Para lidar positivamente com essa competência e torná-la ainda mais determinante na obtenção de melhores vendas, é preciso substituir a burocracia pela prática, a enrolação pela clareza, colocando prioridades nas atividades e fazendo escolhas que mais se aproximem de seus compromissos relevantes. Ser pragmático é ser objetivo, prático e claro na forma de expressar as suas opiniões e de vender suas ideias.

Ser pragmático ajuda o vendedor a ser autogestor de suas atividades. Ajuda a ser bem-sucedido, a ser um vendedor eficaz.

CAPACIDADE DE OUVIR

Saber ouvir é entender o que realmente está sendo dito. Significa interpretar as palavras, o tom de voz e os sinais que surgem enquanto as palavras são pronunciadas.

Vendedores se comunicam o tempo todo, mas são pouco treinados para ouvir, condição vital para a compreensão autêntica do cliente.

Se um vendedor deseja interagir com seu cliente e influenciar seus pensamentos, primeiro precisa buscar compreendê-lo – e isso implica uma mudança profunda de comportamento. Normalmente, nós esperamos primeiro que o outro nos compreenda. Não o escutamos com a intenção de entendê-lo, mas com a intenção de respondê-lo. Filtramos o que ouvimos por meio de nossos paradigmas, ou seja, lemos nossa própria autobiografia na vida das outras pessoas: "Sei o que você quer! Já passei por isso!".

Stephen R. Covey, em seu livro *Os 7 hábitos das pessoas altamente eficazes* (2009), nos lembra que, quando uma pessoa fala, normalmente praticamos um dos quatro níveis da escuta:

1) **Ignoramos** – Não escutamos, mas fingimos que sim.

2) **Atenção seletiva** – Ouvimos apenas parte da conversa.

3) **Atenção concentrada** – Prestamos atenção e nos concentramos nas palavras que são ditas.

4) Atenção empática – Ouvimos com a finalidade de compreender (e não de julgar).

Ouvir é mais do que registrar, repetir ou mesmo compreender o sentido literal das palavras que estão sendo ditas.

Ouvir com atenção empática é um modo de concordar que tudo que é dito possui um ponto de referência e, portanto, dessa perspectiva, faz sentido. É um modo de observar sem julgar. Julgando primeiro, você nunca entenderá completamente o que aconteceu.

A atenção empática faz você entrar no quadro de referências da outra pessoa. Assim, você pode ver o mundo da maneira que ela o vê, compreender sua perspectiva, seus sentimentos. Ela atende necessidades psicológicas, causa de grande impacto na comunicação em todas as áreas da vida. Por isso, a habilidade de ouvir com atenção empática nasce no princípio de que a dinâmica humana é mais importante do que as dimensões técnicas em uma comunicação ou apresentação.

CRIATIVIDADE

A criatividade não se dá essencialmente pela inspiração; é um processo metódico que implica a tomada de decisões, principalmente em relação a si mesmo. Quando decidimos escutar, olhar, ver, ou seja, observar sem julgamento, abrimos o campo das possibilidades infinitas. A partir disso, podemos construir uma espécie de mapa mental que nos permite combinar informações, boas ou ruins, referências e modelos que nos permitirão agregar conhecimento (informação + sabedoria), o subproduto da criatividade. Portanto, a criatividade está diretamente relacionada à capacidade do indivíduo de estudar com afinco determinado tema, olhando-o por diversos ângulos.

As palavras "estudo" e "desejo" têm origem no latim. A primeira vem de "studiare", de "studium", estar aplicado em realizar algo sério. A segunda vem de "desiderare", estar orientado, saber para onde se vai. Sendo assim, podemos definir estudo como a observação entusiasmada, de forma dedicada e profunda, de uma questão por meio da reflexão ou pela coleta e análise de evidências.

Como podemos notar, estudo é mais uma experiência participativa do que uma habilidade. Observar sem julgamento, colocar-se no lugar do outro (empatia) e enxergar de diferentes ângulos são técnicas que facilitam o processo de estudo. Quando agimos dessa forma, abrimos espaço em nossa consciência, como vagas de estacionamentos desocupadas pela remoção de carros abandonados, deixando livres os espaços para que recebam novos veículos (as novas informações). É o processo de obtenção de novas informações que alimenta nosso conhecimento sobre determinados assuntos e que, por sua vez, nos dá alimento para criar. A criação vem logo depois, com a organização das ideias válidas (factíveis e viáveis) que juntas geram em nós o sentimento de que atingimos algo único: a ideia genial.

PERSUASÃO

É a capacidade de colocar seu cliente em um estado psicológico de concordância, situação em que ele percebe que sua melhor alternativa é dizer "Sim!". Um dos maiores especialistas no mundo quando o tema é persuasão e influência, Robert Cialdini, em seu livro *O poder da persuasão* (2006), explica que ser persuasivo é aplicar em nossas atitudes e em nossa postura seis grandes princípios psicológicos:

- **Coerência** – As pessoas preferem ser coerentes com o que disseram ou fizeram no passado, especialmente quando isso aconteceu em público.

- **Reciprocidade** – As pessoas tendem a retribuir o mesmo tipo de comportamento que recebem.

- **Prova social** – Um modo pelo qual as pessoas frequentemente decidem o que fazer em dada situação é observar o que os outros estão fazendo ou já fizeram.

- **Autoridade** – Na maioria das situações, as pessoas acatarão alguém que, a seu ver, seja bem informado ou represente uma referência no assunto.

- **Simpatia** – As pessoas preferem ser influenciadas por aqueles de quem elas gostam ou percebem como semelhantes.

- **Escassez** – Em termos bem simples, as pessoas querem mais daquilo que é escasso. E a perda é a forma máxima de escassez.

A persuasão não pode ser praticada unicamente com base em técnicas, porque se o outro perceber que você está usando alguma técnica, se sentirá manipulado, desconfiará de seus motivos e sua honestidade sobre o que diz e se fechará. Ser persuasivo significa utilizar esses princípios psicológicos de forma tão natural, consciente ou inconscientemente, que a resposta natural é o cliente entrar em um estado psicológico de "Sim!".

A verdadeira chave para influenciar outra pessoa é seu exemplo e sua conduta, porque seu exemplo flui naturalmente do seu caráter ou do tipo de pessoa que você realmente é. Há vendedores que trazem essa competência dentro de si, e quando a aprimoram por meio dos princípios psicológicos da persuasão, tornam-se mestres na arte de ajudar seus clientes a obter os melhores resultados com satisfação.

RESILIÊNCIA

Ser resiliente é ter um nível de flexibilidade para receber vários "nãos" e manter-se motivado.

Em seu artigo intitulado *The role of supervision in developing resilience in coaches*[8] [O papel de supervisão no desenvolvimento da resiliência em coaches], Lisa Rossetti, pesquisadora britânica e especialista em liderança, afirma que resiliência é a habilidade que o indivíduo emprega para superar adversidades sem ser afetado de modo negativo e permanente.

Resiliência não é sinônimo de resistência, ainda que o sentido de ambas as palavras possa dialogar com harmonia. É importante deixar claro que essas competências se complementam, mas não são iguais. Há uma fábula chamada "O carvalho e os juncos", de autoria de Esopo, um pensador da Grécia antiga, que é perfeita para explicar a resiliência. Resumindo: expostos ao vento, mesmo sendo fortes, os galhos do carvalho sempre se quebram ou são arrancados. Já os juncos, expostos ao mesmo vento, superam a dificuldade porque se movem de acordo com a direção da ventania, logo, não se quebram. Qual a vantagem dos juncos em relação ao carvalho? A flexibilidade. Esta é a ideia-chave sobre resiliência: ambos precisam de resistência diante do vento forte, porém os juncos usam a flexibilidade para balançar e depois retornar ao estado natural. Resiliência está diretamente relacionada à sua capacidade de adaptação, de entender as mudanças do cenário no qual se está envolvido.

O desenvolvimento da resiliência começa por aceitar o desafio, reconhecer a existência do problema e também perceber que pode haver soluções ou formas adaptativas de lidar com novas possibilidades. Embora a resiliência seja íntima e pessoal, um dos fatores de

---

8 ROSSETTI, Lisa. The role of supervision in developing resilience in coaches. Disponível em: <https://coachingsupervisionacademy.com/developing-resilience>. Acesso em: ago. 2017.

maior importância para seu desenvolvimento é o apoio e o acolhimento oferecido por outras pessoas, por exemplo, o gestor que acolhe, dá suporte e encoraja o vendedor abalado pelo "não" recebido do cliente.

Para a ex-editora da Harvard Business Review Diane Coutu, em seu artigo *How resilience works*[9] [Como a resiliência funciona], a resiliência pode, sim, ser desenvolvida por todos. E o melhor: ela descobriu que as pessoas que possuem essa habilidade como um ponto forte apresentam três características principais. Portanto, a partir desse estudo, você pode testar e aumentar seu nível de resiliência praticando:

1) **Aceitação da realidade** – Pessoas resilientes são otimistas, mas sempre estão com os pés no chão. Elas entendem o que está acontecendo à sua volta e percebem como podem influenciar o ambiente para melhor. A resistência, ou seja, a capacidade de se manter firme mesmo no cenário adverso é complementar e ajuda o resiliente a trazer novas soluções.

2) **Propósito** – Uma característica fundamental dos resilientes é a crença inabalável no sentido da vida, mesmo em situações muito adversas, quando a maioria das pessoas questiona a própria essência. Conforme disse o psiquiatra austríaco Viktor Frankl, em seu livro *Em busca de sentido* (2015), "ter um propósito é o que dá sentido à nossa existência".

3) **Capacidade de improvisar** – Pessoas resilientes possuem a impressionante habilidade de tirar o máximo proveito dos recursos disponíveis e de aprender com rapidez qualquer tipo de desafio.

---
9 COUTU, Diane. How resilience works. *Disponível em: <https://hbr.org/2002/05/how-resilience-works>. Acesso em: ago. 2017*

Ao desenvolver sua habilidade de resiliência, você será capaz de encontrar soluções mesmo na ausência de caminhos óbvios ou de ferramentas adequadas no desenvolvimento dos relacionamentos de vendas, na carreira ou na vida.

APRENDIZADO:

Um dos segredos do sucesso em vendas é focar nos pontos fortes! Quando o gestor põe seu foco nos pontos fortes de cada vendedor de sua equipe, em seus talentos, desenvolvendo e aprimorando o que eles já fazem bem, isso os levará à maestria, tornando-os referência em suas áreas de atuação.

Destacar-se profissionalmente e tornar-se uma referência em vendas só acontece com a maximização dos pontos fortes do vendedor, jamais exclusivamente concertando-se na correção de suas fraquezas. Isso não quer dizer que os pontos fracos devam ser ignorados. Ao contrário, deve-se encontrar meios de contornar as fraquezas, mantê-las sob administração, libertando-se de maiores preocupações improdutivas, o que permitirá aperfeiçoar os pontos fortes de maneira mais aguda.

Os pontos fortes que mais contribuem para o alcance dos melhores resultados em vendas são:

- ¤ Planejamento
- ¤ Conexão
- ¤ Empatia
- ¤ Pragmatismo

- Capacidade de ouvir
- Criatividade
- Persuasão
- Resiliência

Exercício

O autoconhecimento nos conduz a uma profunda reflexão, propiciando a compreensão dos motivos pelos quais agimos desta ou daquela maneira diante de uma determinada situação. Conhecer a si próprio amplia a capacidade de fazer escolhas mais conscientes e adequadas, que tragam ampliação dos seus pontos fortes e contenção dos seus pontos fracos.

Proponho que você monitore suas reações espontâneas, imediatas, desejos, aprendizados rápidos e satisfações. Tudo isso o ajudará a encontrar as pistas de seus pontos fortes. Em meio à correia de sua vida, dos inúmeros compromissos a serem realizados e das metas a serem alcançadas, tente fazer uma pausa, acalmar os pensamentos que passam zumbindo por sua mente e seus ouvidos e procure concentrar-se nesses diferentes sinais. Eles o ajudarão a pôr foco em seus talentos. Mergulhe nessa autopercepção durante o período de sete dias, anote os *insights* que tiver e, ao final, preencha o quadro a seguir, relacionando na coluna da esquerda seus pontos fortes e, na da direita, seus pontos fracos.

PONTOS FORTES	PONTOS FRACOS

Para tornar o processo mais rico e ampliar a sua percepção sobre si mesmo, pergunte para quatro pessoas do seu ambiente profissional cinco pontos fortes e cinco pontos a melhorar que elas enxergam em você. Anote todos os pontos citados pelos seus colegas e compare com os que você identificou pessoalmente. Reescreva o quadro com os pontos que mais aparecem nas duas pesquisas.

O mesmo vale para sua equipe: convide-os a executarem a mesma tarefa. Ao final, solicite que compartilhem com você e respondam às seguintes perguntas:

- Qual o principal ponto forte de cada um deles que você pode contribuir para seu desenvolvimento com mais profundidade?
- Que ações você sugeriria a cada um deles para amplificar esse ponto forte?
- Qual o principal ponto fraco que necessita de cuidados até ser neutralizado?

- Que ações você sugeriria a cada um deles para neutralizar os efeitos ruins desse ponto fraco?

Boa exploração!

6

APRENDA A APLICAR PRESSÃO

PASSO 4

> "OS MELHORES MOMENTOS EM NOSSAS VIDAS NÃO SÃO OS MOMENTOS PASSIVOS, RECEPTIVOS E RELAXANTES [...] OS MELHORES MOMENTOS GERALMENTE OCORREM QUANDO O CORPO OU A MENTE DE UMA PESSOA É ESTICADA ATÉ OS SEUS LIMITES EM UM ESFORÇO VOLUNTÁRIO PARA REALIZAR ALGO DESAFIADOR E VALIOSO[10]."
>
> MIHALY CSIKSZENTMIHALYI

Você se lembra de algum momento em que a criatividade e a produtividade surgiram a você sem problemas, naturalmente? De acordo com Mihaly Csikszentmihalyi, em seu livro *Flow: the psychology of optimal experience"* [Fluxo: a psicologia da experiência ideal] (2008), este estado é chamado de *flow* (fluxo) e é um dos principais fatores para a criatividade e a realização de excelentes resultados.

A experiência de *flow* é universal e tem sido relatada em diferentes classes, gêneros, idades e culturas, e pode ser experimentada em muitos tipos de atividades, inclusive nas vendas.

Se você já ouviu alguém descrever um momento em que seu desempenho foi tão maravilhoso que o fez se sentir mais animado, essa pessoa seguramente está descrevendo uma experiência de *flow*. Ocorre quando seu nível de habilidade e o desafio o qual enfrenta estão no mesmo patamar e atuando em sintonia.

---

10 Tradução disponível em: <http://juventude.gov.br/empreendedorismo-digital/a-educacao-do-seculo-xxi-reimaginar-o-aprendizagem-para-uma-nova-era?lang=en>. Acesso em: ago. 2017.

Atletas, músicos, artistas e profissionais em geral, assim como os vendedores, tornam-se mais criativos, produtivos e, muitas vezes, mais felizes quando estão sob efeito desse estado. *Flow* é um estado em que as pessoas estão tão envolvidas mental, emocional e fisicamente em uma atividade que nada mais parece importar. A experiência é tão agradável que as pessoas continuarão a fazê-lo, mesmo com um custo alto, por causa da satisfação que experimentam naquele momento.

Como vimos até aqui, o *flow* faz com que possamos nos sentir melhor, por exemplo, no momento presente, capacitando-nos a experimentar o incrível potencial do corpo e da mente trabalhando a pleno vapor e com harmonia, por exemplo, quando percebemos com clareza o *timing* dos acontecimentos em uma negociação e, conscientes, agimos nos antecipando aos fatos, surpreendemos positivamente o cliente com alternativas criativas e factíveis, usufruindo do incrível potencial do corpo e da mente trabalhando em alta performance e sincronia. O que torna o *flow* um instrumento ainda mais significativo é o seu potencial para melhorar a qualidade de vida em longo prazo, mesmo sob situações de grande pressão.

Para entender como esse processo funciona, precisamos observar a principal condição exigida: o equilíbrio entre desafios e habilidades, ou seja, entre metas estabelecidas e competências desenvolvidas para atingi-las.

Sempre que alguém se dedica pela primeira vez a uma atividade, por exemplo, fazer uma venda, é normal que suas habilidades para isso sejam mínimas. Conseguir superar a vergonha e oferecer qualquer coisa a alguém já é motivo de grande satisfação. Logo, porém, quando essa atividade deixa de lhe parecer desafiadora e entra no modo automático, ela se torna algo monótono, sem sentido, algo que não vale a pena fazer por fazer. Então, nesse momento, algumas alternativas aparecem, sendo de longe a mais comum e cômoda delas a pura e simples estagnação. Sempre haverá aqueles que se contentarão com um nível mínimo de exigência, satisfazendo-se em ocasionalmente citar um produto ou serviço como referência, algo que atende momentaneamente ao anseio de realizar uma venda.

Por outro lado, a alternativa mais exigente, e isso parece óbvio, será a de passar a investir a energia e o tempo necessários para atingir o nível seguinte na escala de habilidades enfrentando um desafio maior – por exemplo, vender um produto que as pessoas ainda não conhecem.

No decorrer do aprendizado de qualquer nova habilidade, as escolhas de como isso deve acontecer são feitas o tempo todo. Uma atividade que se desenvolve e segue em bom *flow* é aquela que apresenta um patamar bastante alto de oportunidades de aperfeiçoamento. A arte de vender implica desafios quase que infinitos e, por isso mesmo, é algo que convida ao crescimento. Quem quiser continuar em *flow* precisará progredir e aprender novas habilidades, seguindo sempre na direção de estágios de maior complexidade.

Em uma visão mais otimista, e por que não dizer também realista, uma carreira em vendas compreende uma série de etapas ao longo das quais vão sendo assumidas responsabilidades cada vez mais intensas, o que possibilita uma contínua experiência de *flow* ao longo de muitos anos.

Se os desafios, as metas ou os objetivos permanecem sempre os mesmos, o resultado natural será a perda de interesse e ritmo ao longo do tempo. Para vendedores com perfil dinâmico, mandatório para essa atividade, o lançamento de novos produtos e a projeção de vendas da companhia a novos patamares são fatores que proporcionam infinitas oportunidades de demonstrar seu real valor e experimentar maiores ganhos como consequência.

Em uma situação ideal, vendedores são promovidos a posições de crescente responsabilidade à medida que o desenvolvimento de suas habilidades resulta no alcance de suas metas; ou à medida que assumem novos desafios dentro do mesmo contexto de atuação que estejam alinhados com os objetivos da área e da empresa, sem necessariamente haver mudança no volume da meta.

O BATERISTA EM *FLOW*

Quando ainda era adolescente aprendi a tocar bateria, o que me trouxe muita curtição naquela época, um presente para os anos rebeldes na vida de qualquer jovem antes de se tornar adulto. Em razão das escolhas que fiz nos anos seguintes, focar a carreira profissional, o casamento e a vinda dos filhos, parei de tocar bateria por volta dos 20 anos e nunca mais voltei a segurar um par de baquetas em minhas mãos. Em 2008, quase duas décadas depois, sem praticar nenhuma atividade musical, senti uma vontade inexplicável de voltar a tocar bateria. Resisti por alguns meses, mas a vontade só parecia aumentar. Foi quando tomei a decisão: não importasse o que acontecesse, voltaria a tocar bateria.

No começo dessa nova fase, embora altamente motivado pelo desafio de voltar a tocar o instrumento, tinha receio do quanto me lembraria dos aprendizados da adolescência. Isso me fez duvidar por determinado momento de que seria capaz de produzir algum som que fizesse sentido ao bater com as baquetas na pele dos tambores. Para minha surpresa e felicidade, tocar bateria segue o mesmo princípio de andar de bicicleta: uma vez aprendido, nunca mais se esquece. Por outro lado, nova similaridade entre as duas atividades se revelou: praticamente toda habilidade desenvolvida havia encolhido com o passar do tempo. Como acontece com os músculos do corpo em relação à frequência com que os exercitamos, as habilidades aprendidas mas não praticadas diminuem com o tempo e, embora um dia tenham se demonstrado eficazes, sem a devida prática tudo volta para seu estágio inicial. Foi assim que aconteceu comigo na imediata experiência de voltar a tocar bateria. Após cuidar da aquisição do novo instrumento, uma bateria altamente qualificada, daquelas com as quais sonhava na adolescência, mas na época não tinha dinheiro para comprar, estava eu novamente sentado na sala de minha casa em frente àquele instrumento, enfrentando o desafio de tocar qualquer levada (compasso musical) com a habilidade recrudescida que me restava após anos parado.

Tudo bem! Afinal, o mais importante era voltar a tocar, e justamente por isso me sentia em *flow*. Com o som das primeiras levadas sabia que o desafio havia sido devidamente encarado.

Voltei a tocar bateria!

Depois de algumas semanas socando os tambores da minha nova bateria, ficou claro para mim que isso já não era o suficiente. Precisava recordar técnicas e métodos que pudessem me ajudar a tocar com mais harmonia. Esse era o novo desafio. Recuperei alguns livros antigos, dediquei-me a estudá-los e, em algumas semanas, já sentia novamente a satisfação em poder não só tocar bateria, mas tocá-la com mais habilidade. Novamente me sentia em *flow*. Desafio e habilidade haviam novamente se colocado lado a lado, gerando equilíbrio e trazendo interesse e motivação para continuar estudando e me desenvolvendo.

Alguns meses se passaram e o ritmo de estudos me fez ampliar ainda mais o repertório de levadas e a habilidade de tocar as músicas do *setlist*, cuidadosamente preparado em meu *smartphone*, que ouvia durante os estudos. Foi quando o desânimo começou a surgir. A crescente falta de tempo para estudar e a preguiça de me aprofundar em novos temas musicais denotavam que alguma coisa não ia bem. O desenvolvimento da habilidade deixava cada vez mais longe e inexpressivo o desafio de voltar a tocar com harmonia.

Nesse momento, me dei conta de que precisava mudar algo. Só continuaria me desenvolvendo como baterista se determinasse um novo objetivo, só que agora mais desafiador. Ter voltado a tocar com harmonia e ritmo já não era o suficiente, então decidi que teria de fazer isso em um ambiente mais complexo. Tinha de arrumar uma banda! Novamente foi bastante desafiador pensar que teria de estar bem o suficiente como baterista para ser aceito por outros músicos e conseguir convencê-los a formar uma banda em que eu seria a melhor opção para a bateria. Muito estudo e treino se seguiram nas semanas consecutivas, assim como meu empenho em encontrar companheiros músicos para a banda, o próximo estágio no desafio musical.

Tanto minha dedicação aos estudos quanto o empenho na busca dos caras certos fizeram com que a banda The Wizards nascesse. Euforia, novas amizades, longas discussões para definição das músicas e muitas horas tocando com todos os integrantes me fizeram entrar novamente no *flow*. Estudava, treinava e ensaiava sem ver o tempo passar. Tirar as músicas e acertar a harmonia entre os músicos a distância não me incomodava; pelo contrário, deixava-me mais concentrado e focado para fazer tudo o que fosse preciso para garantir encontros musicais memoráveis para nós.

Mais uma vez, não demoramos muito para perceber que o entusiasmo inicial aos poucos se esvaía dos nossos encontros. Os atrasos aos ensaios ficavam cada vez mais frequentes e a resistência de tirar novas músicas só aumentava. Faltava algo. Afinal, todos os obstáculos para nos tornarmos uma banda pareciam ter sido superados.

Claro! Como não havia me dado conta? Um novo desafio se fazia necessário, mesmo porque os obstáculos nunca deixariam de existir para quem tem fome de crescimento. Foi então que, em um dos ensaios, após uma discussão mais calorosa, decidimos batalhar para conseguir um lugar público para tocarmos. Um bar, um *pub*, uma casa noturna... Sabíamos que nosso futuro, a continuação da banda, dependia de assumirmos esse risco. Agora sim o desafio parecia devidamente redimensionado. Tocar para um público desconhecido e saber que precisaríamos encantá-los para termos chances de voltar a tocar lá era um desafio alto, complexo pela quantidade de variáveis envolvidas e, por isso mesmo, motivador em razão de tudo o que poderia nos levar ao fracasso. Porém também havia chances reais de ser um sucesso e, consequentemente, gerar satisfação inigualável entre nós.

Após dois meses estávamos estreando em um *pub*, um bar em estilo inglês em uma das ruas mais badaladas da cidade. Até então não fazíamos ideia da quantidade de suor que teríamos de derramar para chegar até lá. Ensaios mais frequentes, a responsabilidade de estudo individual por parte dos músicos (foi nessa época que contratei um professor para me dar aulas de aperfeiçoamento) e a criação de um organograma de funções e responsabilidades de cada integrante na banda foram algumas das habilidades obrigatórias para se preparar para a apresentação, além de, é claro, tocar com maestria nossos próprios instrumentos. Deu certo! Os primeiros shows foram muito bem recebidos pelo público que rapidamente se identificou com a banda e o som que fazíamos. Primeiro tocávamos todas as terças-feiras. Depois, passamos para as quintas-feiras e eventualmente às sextas-feiras, que já eram a porta de entrada para o estrelato aos fins de semana. Sábado! Foram meses, na verdade mais de um ano, para chegarmos ao posto de banda que tocava aos sábados, um privilégio para poucos no concorrido meio musical da cena noturna paulistana. O público já nos seguia, era cativo. As noites de sábado bombavam com a casa cheia. Aproximadamente 150 pessoas cantando e dançando ao som dos *classic rocks* que já estávamos bastante acostumados a tocar. Foi uma época maravilhosa, de muita satisfação. Éramos sucesso garantido naquele *pub*.

No entanto, o que eu temia voltou a acontecer. Aos poucos, outros compromissos foram tomando conta da agenda de alguns dos integrantes da banda, fazendo aparecer a figura dos substitutos, músicos que entravam na banda de forma esporádica apenas para substituir os integrantes originais quando algum desses precisava faltar a algum dos shows. Claramente, as substituições passaram a ter um significado mais de "estou cansado disso" do que "eu realmente tenho algo muito importante o qual não posso adiar ou faltar". Marasmo, desânimo e falta de foco voltaram a fazer parte da rotina da banda. Não sabíamos exatamente como lidar com aquela situação, mas sabíamos que, se não fizéssemos algo, provavelmente a banda deixaria de existir em breve. Foi então que um dos integrantes, com sua vasta rede de relacionamentos, trouxe a notícia de que estávamos sendo sondados para fazer um show de encerramento em um evento com 1200 pessoas.

Uau! A sondagem virou convite e o período que se seguiu nos colocou novamente em estado de *flow*. Ensaios em estúdios mais sofisticados, estudos aprofundados nas melodias das músicas, repertório mais vasto, com mais variáveis e um nível de complexidade maior sugavam todo nosso foco. Mas, ao contrário do que você pode estar imaginando, nossa energia nunca esteve tão alta, assim como nossa satisfação e alegria de tocar.

Continuamos fazendo apresentações para públicos com milhares de pessoas porque aprendemos quanto esse desafio nos faz ultrapassar nossos próprios limites em termos de competências e habilidades para realizar o que um dia chamamos de viver o sonho de uma banda de rock.

O que acabei de lhe apresentar através da minha trajetória nesse projeto musical pode ser explicada pelo gráfico a seguir.

Figura 2 – Dinâmica do crescimento da complexidade pelo *flow*

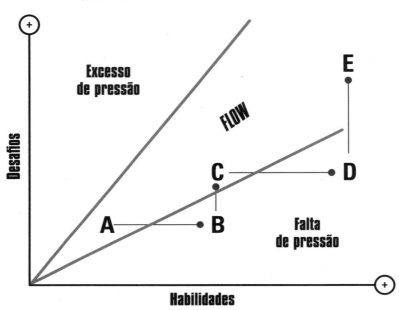

Fonte: adaptada de CSIKSZENTMIHALYI, Mihaly (2008).

Essa figura mostra como qualquer atividade pode crescer em complexidade com o tempo. Digamos que A represente minha decisão de voltar a tocar bateria. Minhas habilidades eram básicas, e à medida que retomava meus estudos, eu experimentava uma nova satisfação nessa área em minha vida. No entanto, quanto mais aperfeiçoava minhas habilidades, mais isso gerava uma zona de conforto que se transformava em desânimo com o passar do tempo (B), porque deixava de ser interessante repetir sempre as mesmas lições de forma solitária. Nesse momento, percebi que um novo desafio, tocar com uma banda, despertava em mim novamente a vontade de continuar tocando e, por consequência, de me aprimorar nos estudos (C). A realização do novo desafio ficara ultrapassada e, novamente, a zona de conforto se instituía – com ela, também o desânimo (D). Percebi, então, que o crescente estabelecimento de novos desafios acompanhados de desenvolvimento das habilidades relacionadas ao tema me colocariam novamente e quantas vezes fossem necessárias na condição de alta performance e motivação para continuar tocando bateria (E).

É dessa forma que aplico pressão no meu desenvolvimento como baterista, mantendo-me ao mesmo tempo sob o peso da responsabilidade do aprimoramento contínuo e a enorme satisfação de lidar com os desafios que busco e assumo, como tocar para uma plateia cada vez maior e mais exigente.

A propósito da análise da figura anterior, a evolução lida primariamente com o aumento da complexidade dos organismos. Tudo no mundo tende a se tornar mais complexo com o passar do tempo. Uma máquina fotográfica, cinquenta anos atrás, não passava de um simples dispositivo com uma lente e um obturador. Para utilizá-la em ambientes fechados, era preciso o auxílio de um *flash*. A máquina era simples, mas sua utilização, nem tanto. Hoje experimentamos situação inversa, um *smartphone* complexo, com dezenas de funções, além da câmera com *flash* embutido e vários outros recursos automáticos que qualquer um pode utilizar com facilidade, basta escolher o foco e clicar.

A evolução dinâmica do *flow* em vendas segue essa mesma lógica. Quanto mais básicas as habilidades, mais difícil a obtenção de resultados. Ao contrário, quanto mais complexas as habilidades desenvolvidas, mais fácil a conquista da meta.

DESAFIO *VERSUS* HABILIDADE

Esta é a fórmula para aplicar a pressão certa para que os resultados esperados em vendas aconteçam!

Muita gente me pergunta como um método de vendas que está focado no cliente, em seus interesses e necessidades e não na ideia de grudar no seu pescoço, mordendo-o e sufocando-o com ofertas incansáveis, pode ser congruente com o modelo de metas de vendas que invariavelmente gera pressão na vida dos vendedores.

Atribuição de desafios em equilíbrio com desenvolvimento das habilidades: esta é a resposta!

O estabelecimento, a cobrança e as constantes variações que tornam as metas desafiadoras, quando feitos de maneira consciente e focados no próprio cliente, constituem a saudável pressão para o desenvolvimento das habilidades dos vendedores. Saber que precisa se superar mobiliza qualquer vendedor a se desenvolver tanto do ponto de vista das habilidades técnicas como das comportamentais.

Mesmo com boas intenções, muitos vendedores acabam perdendo tempo e energia em atividades que não contribuem com o desenvolvimento de seu potencial (pontos fortes), diminuindo assim as possibilidades de crescimento que poderiam contribuir para o alcance de suas metas.

O líder de vendas preparado é aquele capaz de entender que uma das suas principais responsabilidades acontece justamente nesta área: aplicar a pressão certa em cada vendedor da sua equipe utilizando-se da razão "desafios" atribuídos *versus* sua contribuição no desenvolvimento das "habilidades" do vendedor para fazer frente a esses desafios. Isso significa proporcionar permanente e crescente variedade de desafios aos vendedores, principalmente para evitar a estagnação. Uma das maneiras mais óbvias de concretizar esse desafio é o crescimento da meta. O aumento no volume da meta estimula os vendedores a se manterem em movimento. Também os motiva a lembrarem de que seus prospectos, futuros clientes, embora muitas vezes convictos de sua autossuficiência, dependem de sua ajuda como verdadeiro consultor especialista para enxergarem os próprios problemas e desafios e quais as principais soluções para eles.

Os desafios proporcionados a cada vendedor *versus* o desenvolvimento de suas habilidades para fazer frente a esses desafios regulam a medida de pressão necessária que deve ser aplicada pelo líder, para a constante e infinita busca de mais e melhores resultados pelos vendedores, que mesmo diante desse tipo de pressão, tendem a se manter motivados e entusiasmados com as próprias conquistas.

APRENDIZADO:

Como acabamos de ver, a ferramenta capaz de auxiliar o líder de vendas a aplicar a necessária e correta pressão em seus vendedores, ao mesmo tempo que os mantém em um estado de motivação e crescimento, é a inteligente combinação entre desafios *versus* habilidades.

Então, vamos transcrever isso para a prática.

Exercício

Figura 3: Dinâmica do crescimento da complexidade pelo *flow*

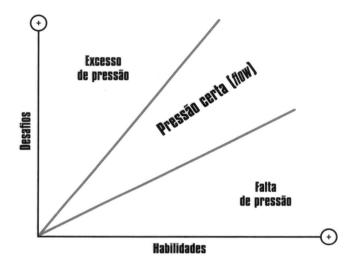

Fonte: adaptada de CSIKSZENTMIHALYI, Mihaly (2008).

1] Reflita por um momento: qual a localização atual de cada vendedor da sua equipe nesta figura?

2] Para os que estão na zona de excesso de pressão, quais habilidades os colocaria na zona de desenvolvimento, de pressão certa (*flow*)?

3] Para os que se encontram na zona de falta de pressão, qual desafio individual ou coletivo os colocaria na zona de desenvolvimento, de pressão certa (*flow*)?

4] Para os que se encontram na zona de pressão certa (*flow*), quais desafios deveriam perseguir e quais habilidades precisariam continuar a desenvolver para se manterem aí?

7

FAÇA A GESTÃO DA EQUIPE

PASSO 5

Agora que você já tem à sua disposição técnicas poderosas para munir seus vendedores com um método sustentável de vendas, sendo capaz de assumir responsabilidade pela própria transformação juntamente à da sua equipe, que ocorrerá naturalmente à medida que você investe na descoberta e na ampliação dos pontos fortes de cada vendedor, preparando-os para trabalharem sob a pressão certa, chegou a hora de saber como cuidar de tudo isso simultaneamente, mantendo um clima positivo entre a equipe. Neste contexto, o segredo é saber conduzir uma gestão que aumente a garantia da conquista de ótimos resultados.

O modelo de gestão que melhor determina a conquista dos resultados e mais se adequa à realidade da área de vendas consiste na implementação e na condução pelo gestor das quatro fases a seguir:

1) **Delegue** – Transfira responsabilidades. Se necessário, mostre como se faz, ensine pelo exemplo.

2) **Monitore** – Acompanhe, aconselhe e oriente. Desenvolva seus liderados.

3) **Avalie** – Cobre resultados: realizações *versus* compromisso.

4) **Reconheça** – Comemore os resultados, feche o ciclo.

Vamos examinar cada uma delas detalhadamente e entender por quê, quando e como cada uma dessas quatro fases transformam a gestão do líder de vendas no caminho seguro para o desenvolvimento da equipe e na garantia de mais e melhores conversões de vendas.

DELEGUE

Transfira responsabilidades. Se necessário, mostre como se faz, ensine pelo exemplo.

Delegar talvez seja um dos maiores desafios na vida do gestor de vendas. Os motivos nós já discutimos amplamente nos capítulos anteriores, em especial nas reflexões originadas durante o capítulo 4.

São vários os motivos, muitas vezes inconscientes, que levam um gestor de vendas a não delegar tanto quanto poderia. O desejo de continuar a ser reconhecido pela facilidade de converter vendas melhor do que qualquer vendedor de sua equipe (alimento fértil para o ego); o medo de que o resultado esperado, objeto da delegação, não aconteça ou não atinja o padrão de qualidade que o gestor está acostumado a experimentar quando o faz por conta própria; a inabilidade ou falta de conhecimento do gestor em como preparar seus vendedores para receberem responsabilidades através da delegação; ou simplesmente por não saber ao certo como fazer, por ter dúvidas de como delegar.

Em situações como estas, a tendência é que o gestor assuma uma de duas possíveis direções: não delega, centralizando o trabalho e sobrecarregando suas atividades, prejudicando o tempo livre e necessário que deveria ter para desenvolver sua equipe; ou "delarga", expressão pejorativa muitas vezes utilizada para definir o ato de largar as tarefas e responsabilidades nas mãos de seus vendedores sem que haja os devidos acompanhamentos, preparação, orientação e checagem do nível de habilidades do vendedor para fazer frente aos desafios que o cumprimento da tarefa exige.

Se a falta ou a inabilidade de delegação estiver relacionada a uma questão pessoal, é preciso que o líder faça uma autoanálise e busque identificar o que está por traz disso. Você se lembra, quando, no capítulo 2, abordei o tema "programa de crenças pessoais"?

> Sucesso tem a ver com poder. Poder é um estado mental. É um conceito multidimensional que envolve como você pensa, sente e age. Se você acredita que tem poder e o projeta, você o tem. Se você não o projeta, você não o tem. A falta de consciência sobre seu "programa de crenças" e as atitudes autodestrutivas derivadas disso abafarão seus resultados e farão naufragar qualquer possibilidade de ascensão.

É a isso que me refiro quando um bloqueio interno impede o gestor de delegar, atitude-chave para o alcance dos resultados esperados.

Por outro lado, se a falta ou a inabilidade de delegação estiver relacionada a não saber como fazer isso de forma que o resultado esteja assegurado, então precisamos conversar sobre os diferentes níveis de delegação em vendas. Conhecê-los e saber como administrá-los pode ser o que você precisa para delegar com eficiência e eficácia.

OS QUATRO NÍVEIS DE DELEGAÇÃO EM VENDAS

- **Primeiro nível** – Dirija

Seja o exemplo. Este é o nível mais básico de delegação. Neste nível, o líder dedica atenção integral ao vendedor enquanto está ao seu lado. Na delegação das tarefas, principalmente aquelas direcionadas à obtenção dos resultados vinculados à meta, o líder explica em detalhes por que a tarefa deve ser feita, ou seja, quais consequências ela gerará. Além disso, evidencia quando a execução deve ser iniciada e por quanto tempo deve ocorrer. A caracterização do nível básico de delegação se dá fundamentalmente porque, no final das contas, o líder é quem executa a tarefa, não porque seu objetivo seja exclusivamente garantir que sua execução gere o resultado desejado, mas também, principalmente neste caso, para garantir que o vendedor saiba como fazer através da observação do seu exemplo.

¤ **Segundo nível** – Treine

Seja parceiro. Este é um nível de delegação intermediário. Alterne entre executar a tarefa e observar o vendedor fazendo-a. Aqui o gestor lida com um vendedor em fase intermediária de desenvolvimento. Ele já deve ter passado um bom tempo observando e aprendendo com o gestor os fundamentos para realizar suas tarefas. Agora é chegada a hora de colocar seus primeiros aprendizados em prática.

É preciso que o gestor tenha ciência e estimule o vendedor a executar. É natural que nesse estágio o vendedor cometa uma quantidade razoável de erros. Faz parte do seu processo de aprendizado. Por isso, é recomendado que se faça uma alternância na execução da mesma tarefa. Ora o gestor atua para reforçar o *modus operandi* que espera do vendedor, ora o vendedor atua para experimentar como os conceitos aprendidos durante as observações e conversas com seu gestor funcionam na prática. A divisão da execução deve ser feita de maneira a priorizar mais a atuação do gestor do que a do vendedor, uma vez que seu estágio de desenvolvimento ainda não é avançado.

Essa prática de alternância na execução da mesma tarefa pode ser facilmente exemplificada através de uma visita de vendas. No primeiro nível de delegação, durante as visitas de vendas em que estão o gestor e o vendedor, a atuação junto ao cliente é de responsabilidade do gestor, que, tanto quanto converter a venda, tem como objetivo servir de modelo para mostrar na prática como agir ao vendedor – que, neste momento, está no papel de observador, aprendendo como se faz. Já no segundo nível, as atuações do gestor e do vendedor devem ser diferentes. O gestor, após alinhamento prévio, entrega ao vendedor a condução de pequenas partes da reunião, alternando com ele a condução do encontro. É uma forma inteligente de o gestor testar os primeiros aprendizados do vendedor e de se preparar para o próximo feedback, resultado de sua observação dessas atuações parciais do vendedor durante a reunião de vendas com o cliente.

¤ **Terceiro nível** – Apoie

Seja observador. Esse é um nível de delegação também intermediário, porém, mais avançado.

Execute cada vez menos e observe cada vez mais, com foco na sua preparação para feedbacks mais profundos e complexos sobre a atuação do seu vendedor. Com base no exemplo anterior da reunião de vendas, o gestor gradativamente atua de maneira mais passiva, liberando mais espaço para seu vendedor assumir uma atuação ativa. As intervenções do gestor durante a reunião com clientes passam a ter o caráter de apoio, em vez de direcionamento. É natural que o cliente, com a ideia fixa de que gestores sabem mais e têm maior poder de decisão do que vendedores, procure de forma insistente polarizar seu diálogo com o gestor – uma armadilha fácil de o gestor se deixar levar. Um propósito consciente e a clara compreensão do valor que o desenvolvimento da equipe representa para o alcance das suas metas farão o líder não cair nessa armadilha. O líder preparado sabe que é preciso manter o bom relacionamento com clientes, por isso mesmo, nesse nível de delegação, o faz com menos esforço e mais estratégia. Ajuda seu vendedor a se manter como centro de referência para seu cliente, endereçando e ele, com simplicidade e simpatia, toda demanda direcionada a si pelo cliente durante a visita de vendas.

- **Quarto nível** – Delegue

Seja líder. Esse é o nível avançado de delegação.

Entregue a missão para que o vendedor a execute de forma independente.

Após todo investimento feito nos estágios anteriores de delegação, o líder sabe quando pode confiar na habilidade adquirida do vendedor em cumprir suas metas de maneira segura e eficaz. Desse estágio em diante, o líder atribui as responsabilidades e confia e estimula a autonomia do vendedor, encorajando-o também a encontrar as soluções para os problemas enfrentados. Desafia seu aprimoramento e o estimula constantemente a superar seu desempenho.

Na figura a seguir, você poderá verificar como os níveis de delegação podem e devem ser administrados na mesma proporção em que se define a pressão adequada para cada vendedor.

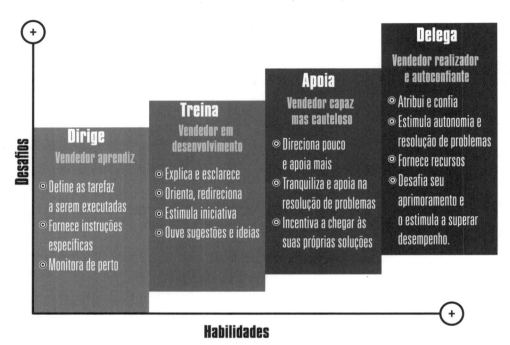

Figura 4 – Os quatro níveis de delegação e sua relação com a habilidade do líder em aplicar a pressão certa

MONITORE

Acompanhe, aconselhe e oriente. Desenvolva seus liderados.

De maneira simplificada, o objetivo aqui é estar ciente do que se passa ao seu redor e com o pensamento à frente da equipe. É a perfeita sintonia entre a situação percebida no dia a dia dos vendedores durante o acompanhamento da realização de suas metas e suas orientações que os ajudará a aumentar a segurança e os resultados nos processos de vendas.

Esta é a etapa na qual a maior parte do desenvolvimento do vendedor acontece. Seus pontos fortes podem ser observados e, por consequência, fortalecidos. Seus pontos fracos são identificados e devidamente neutralizados.

O monitoramento da equipe acontece tanto no corpo a corpo diário, quando gestor e vendedor estão juntos visitando ou prospectando clientes, como pelos indicadores que o líder acompanha e analisa, por exemplo o *pipeline* de vendas. Uma forma prática e eficaz de aumentar as chances de que a percepção e a análise do líder tenham foco no desenvolvimento do vendedor se baseia no conceito de consciência situacional de Mica Endsley e Daniel Garland (2000), que, ajustado à realidade da área comercial, significa atuar em quatro diferentes etapas:

1. PERCEBER ELEMENTOS DO CONTEXTO

A percepção dos fatores críticos que podem dificultar o processo ou ameaçar a conversão da venda. Nesta etapa, o líder identifica as respostas do vendedor às situações de desafio que ele enfrenta nas relações com o mercado. Observa aspectos importantes do ambiente, como sua capacidade de estabelecer e fortalecer conexões, a forma como lida com suas emoções, a profundidade do seu conhecimento referente ao produto ou serviço, seu nível de energia nos diferentes momentos do processo etc.

2. ENTENDER ESSES FATORES E SUAS CORRELAÇÕES COM OUTROS FATORES NO CONTEXTO DA VENDA

Aqui, o objetivo do gestor é compreender a razão de os resultados na vida do vendedor estarem no estágio em que se apresentam. O líder assimila a diferença entre "o cliente não quer fechar negócio" e "o nível de percepção do vendedor em relação à real, mas muitas vezes oculta, necessidade do cliente", que conduz o cliente a tomar decisões.

3. PODER DIZER O QUE PROVAVELMENTE ACONTECERÁ

Fazer a projeção do estágio da venda no futuro próximo. Nesta etapa, o gestor é capaz de prever os acontecimentos futuros em função da compreensão dos parâmetros atuais no processo de vendas em curso.

4. ORIENTAR O VENDEDOR NA SUA TOMADA DE DECISÃO

De posse do entendimento da situação, das correlações entre os diferentes fatores e, por consequência, da previsibilidade dos acontecimentos futuros, o gestor dialoga com sua equipe, auxiliando-a a notar o impacto de suas escolhas e decisões. É aqui também que o gestor define se o melhor caminho é deixar que seu vendedor cometa erros previstos (que o farão compreender melhor a situação, o que, às vezes, não é possível apenas com o exemplo do líder) ou assumir a dianteira em determinado processo de vendas (atuando pessoalmente ou dando direcionamento específico), pois sabe que neste caso o resultado impacta decisivamente a meta da área, e eventuais ganhos pela identificação do erro e ampliação da consciência do vendedor seriam menores.

Por meio dessas etapas, o gestor é capaz de orientar melhor seus vendedores nas tomadas de decisão, como um resultado de sua maior capacidade de desenvolver sua equipe durante o monitoramento de suas atribuições.

AVALIE

Cobre resultados: realizações *versus* compromisso.

Todo esforço despendido no processo de formação e desenvolvimento de uma equipe de vendas busca como consequência primária o alcance da meta, dos resultados contratados. Após delegar as metas e monitorar as ações que visam a seu objetivo, é chegada a hora da cobrança. O que foi compromissado foi realizado? No tempo e nas condições pactuadas? Essas são algumas das avaliações que o gestor faz antes de atribuir novos desafios.

Boa parte dos gestores ignora a fase anterior (monitoramento), e da delegação constrói um atalho direto para a avaliação. Lógico que esse atalho cobrará um preço mais tarde: a falta do desenvolvimento da equipe, impedindo-a de assumir uma condição sustentável.

Além dessa, algumas outras armadilhas são comuns e levam facilmente o gestor a se enrolar, impedindo-o de realizar essa fase (avaliação) de maneira eficiente – por exemplo, elaborar uma avaliação com base em aspectos emocionais e não dados e fatos, como um gestor que se sente ameaçado pelo vendedor que possui mais tempo de casa, e por isso tem acesso livre à diretoria e conhece os clientes melhor do que ninguém. Outra armadilha é "mudar a regra no meio do jogo". Algumas empresas têm o péssimo hábito de alterar a meta depois que ela já foi contratada. Não que às vezes isso não seja necessário, porém, dificilmente essas mudanças são justificadas ou levam em consideração os contratos anteriores e a forma como a tarefa foi realizada até aquele momento. Mais uma armadilha comum é colocar uma terceira pessoa para executar a avaliação – alguém sem a devida preparação, em vez do gestor responsável por aquela equipe/tarefa. Delegar a avaliação é possível, desde que haja um alinhamento prévio e sincero dos pontos contratados para realização daquela meta.

E você, caro leitor, quais as armadilhas que, pela sua experiência prática, podem atrapalhar o momento de avaliação da equipe comercial?

Estar atento e tornar conscientes essas questões diminuirá a incidência de injustiças que às vezes, não intencionalmente, se transformam em verdadeiras emboscadas no processo de gestão e desenvolvimento da equipe comercial.

RECONHEÇA

Comemore os resultados, feche o ciclo.

A área comercial é uma das que mais comemora resultados dentro de uma empresa, não por acaso a linha que indica o volume de vendas nos relatórios gerenciais é normalmente a primeira (a mais procurada pela alta direção). Por isso, costumo dizer que independentemente do tamanho da empresa, seja ela micro, pequena, média ou grande, a equipe comercial é a força motriz que gera negócios. Nesse sentido, saber quando, como e por que reconhecer os resultados dos vendedores é o que mantém essa força em alta motivação, mesmo em meio a tantas pressões.

Parece óbvio que o reconhecimento deva acontecer quando os resultados são atingidos de acordo com os parâmetros contratados ou com a superação destes. A questão, nesse caso, é entender o significado do reconhecimento para o desenvolvimento do vendedor.

Na larga maioria das vezes, o reconhecimento se dá por meio de um prêmio físico, um percentual maior pago em dinheiro no holerite mensal, uma viagem para um lugar especial ou qualquer outro tipo de recompensa material que caracterize um ganho como consequência da realização (ou superação) da meta. Isso é ótimo, porém, nem sempre é o suficiente para manter a motivação em médio e longo prazo. Em uma pesquisa publicada em novembro de 2003 pela revista *Você S/A*, mais da metade dos 136 mil funcionários afirmou que o que torna uma empresa um lugar ruim para se trabalhar é o fato de terem líderes despreparados (60%) e, por consequência, a falta de reconhecimento (54%). Ser reconhecido por suas realizações é tão importante para os profissionais, que eles colocam isso à frente do crescimento na carreira e até da remuneração. Isso significa que reconhecimento não está relacionado apenas a remuneração, pagamento de comissões ou prêmios materiais. Reconhecimento também tem a ver com a capacidade de o líder demonstrar gratidão pelas realizações concretizadas por seus vendedores.

Se esse tema está um pouco confuso, vamos esclarecê-lo a partir da distinção entre "reconhecimento" e "recompensa". Recompensa significa retribuir, compensar alguém com um presente por um favor ou uma ação bem-sucedidos. Normalmente, é algo genérico, extrínseco e tangível, por exemplo, o percentual de comissão pago sobre a meta alcançada. Por outro lado, reconhecimento significa agradecer, atribuir legitimidade, ficar convencido de, admitir ou ter como verdadeiro o valor pessoal do profissional pela recordação de benefício recebido. Ao contrário da recompensa, o reconhecimento é individual, intrínseco e intangível, por exemplo, um elogio sincero ou uma menção pública do feito alcançado.

A importância do reconhecimento como instrumento de motivação profissional para o alcance das metas é algo que vem sendo estudado há décadas. Se você pedisse a dois grupos a mesma tarefa e prometesse ao primeiro uma recompensa em dinheiro, explicando que a recompensa somente aconteceria caso fosse o grupo mais rápido a completar a tarefa, e o segundo você desafiasse apenas a completar a tarefa o mais rápido possível, explicando a eles que isso ajudaria a mapear algumas qualidades dos integrantes daquele grupo, quem você acha que terminaria a tarefa primeiro? Em 1962, o psicólogo Sam Glucksberg fez esse teste. Você pode até não acreditar, mas o segundo grupo foi três vezes e meia mais rápido que o primeiro. Como? As recompensas tradicionais, como o dinheiro, podem ser muito menos eficientes do que motivadores como o desejo de autonomia, de desenvolvimento e o entendimento de um propósito. E quem melhor do que um líder preparado para entender de motivação?

Um gestor hábil é aquele que se prepara e age com base nesses dois caminhos, recompensa e reconhecimento de forma simultânea e equilibrada. Negocia e garante a devida recompensa, ao mesmo tempo em que reconhece e enaltece a realização das metas.

APRENDIZADO:

O modelo de gestão que melhor determina a conquista dos resultados e mais se adequa à realidade da área de vendas consiste na implementação e na condução pelo gestor dessas quatro fases:

1) **Delegue** – Transfira responsabilidades. Se necessário, mostre como se faz, ensine pelo exemplo.

2) **Monitore** – Acompanhe, aconselhe e oriente. Desenvolva seus liderados.

3) **Avalie** – Cobre resultados: realizações *versus* compromisso.

4) **Reconheça** – Comemore os resultados, feche o ciclo.

EXERCÍCIO

1) O primeiro passo para o desenvolvimento da gestão de sucesso é ter clareza da forma como você tem delegado as tarefas e as metas aos seus vendedores, e se essa conduta encontra respaldo no nível de habilidades em que eles estão. Reveja as respostas que você obteve ao realizar o exercício do capítulo anterior. O gráfico com as posições dos seus vendedores e suas respostas às perguntas de ajuste permitirão a você determinar o foco e as atitudes que devem ser tomados para melhor monitoramento da equipe.

2) Em seguida, resgate as anotações que você fez ao preencher a segunda parte do exercício do capítulo 5, pontos fortes de cada vendedor de sua equipe. Compare-as com as respostas dadas no exercício do capítulo 6. Analise se há coerência ou distorções. Faça suas considerações e determine as ações que ainda precisam ser realizadas para aumentar sua eficiência na gestão de cada vendedor.

_____

_____

_____

_____

3) Elabore a própria lista de armadilhas que devem ser evitadas no estágio de avaliação, o momento das cobranças. Procure lembrar-se de todos os casos em que você presenciou (não necessariamente ligados a você) desvios, injustiças ou obstruções no exercício da avaliação e do julgamento. De posse dessa relação, procure identificar de que forma você pode evitar que qualquer tópico da lista o faça cair nessas armadilhas.

_____
_____
_____
_____

4) Relembre os casos recentes de sucesso dos vendedores de sua equipe. Além da recompensa material, como você os têm reconhecido? Como você pode fazer a partir de hoje para aumentar a motivação da equipe por meio de seu reconhecimento?

_____
_____
_____
_____

8

SEJA UM LÍDER COACH

PASSO 6

Ter um método que ajude a gerir a equipe com certeza fará uma diferença positiva na vida do líder de vendas e contribuirá para a conquista de resultados eficazes. Porém conhecer o método e aplicá-lo na gestão da equipe pode gerar situações de desgaste, dor e sofrimento. Sabemos que, fora os sadomasoquistas, ninguém conscientemente quer ou gosta de sentir dor, de sofrer. Mas igualmente sabemos que um processo que realmente leve ao desenvolvimento implica passar por situações que geram esses sentimentos. Calma, a vida não necessariamente precisa ser assim, os processos de desenvolvimento e crescimento dos seus vendedores não precisam seguir essa ordem lógica de crescer fundamentados na dor. A proposta que trago neste capítulo é justamente a descoberta e o ajuste da postura e dos comportamentos do líder que, por meio das ferramentas de coaching, poderão conectar todos os passos do método apresentados até agora, inclusive na gestão da equipe, de maneira que o gestor atue como um líder coach, ampliando sua eficiência na busca dos resultados e atenuando os efeitos de sentimentos ruins na trajetória do desenvolvimento do vendedor.

Já que a proposta aqui é atuar como líder coach, antes de seguirmos adiante, é importante entender o que é o coaching.

O QUE É COACHING?

Coaching é um conjunto de técnicas, ferramentas e conhecimentos de diversas áreas, como administração, gestão de pessoas, psicologia, neurociência, recursos humanos, planejamento estratégico, que existe para facilitar a conquista de grandes e efetivos resultados em qualquer área da vida pessoal ou profissional das pessoas.

Desenvolve-se por meio de um processo que produz mudanças positivas e duradouras em um curto espaço de tempo, de forma efetiva e acelerada. Coaching significa tirar um indivíduo de seu estado atual e levá-lo ao estado desejado de maneira rápida e satisfatória.

O processo de coaching é uma oportunidade de visualização clara dos próprios potenciais, de aumento da autoconfiança, de quebrar barreiras e identificar limitação, para que as pessoas possam alcançar suas metas com precisão e objetividade.

O coaching é um dos mais importantes processos que trabalha especificamente com o aperfeiçoamento humano. Por meio desse processo, é possível atingir e até superar os principais objetivos de uma pessoa, enquanto vai eliminando todas as limitações e dificuldades encontradas pelo caminho.

É realizado por um profissional chamado coach, que tem a função de estimular, apoiar e despertar em seu cliente, também conhecido como coachee, o seu potencial infinito para que este conquiste tudo o que deseja. Por ser um processo completamente flexível, o coaching pode ser aplicado em qualquer contexto, e direcionado a profissionais das mais diversas profissões e empresas de diferentes portes e segmentos.

Em resumo, coaching é a arte de aumentar a performance dos outros. Um processo que evoca excelência nas pessoas e promove alta performance continuamente, por meio de uma metodologia que gera conversas efetivas, identificação e reformulação de valores, metas e a busca de soluções eficazes e transformadoras.

Esta competência de gestão e gerenciamento de pessoas é indispensável para líderes atuais.

O PROFISSIONAL COACH

A função do profissional coach é manter seu cliente altamente focado, motivado e organizado até que ele conquiste seu objetivo. É uma espécie de guia que desperta no cliente o poder de multiplicação de si próprio. O profissional coach é dotado com habilidades e conhecimentos especializados em comportamento humano, podendo se dedicar a uma área específica (por exemplo, vendas) e, assim, ser capaz de gerar no cliente novas perspectivas, encorajamento, percepção aguda, atenção concentrada e, principalmente, confiança para atingir as melhorias que quer para sua vida pessoal e profissional.

O LÍDER COACH

Líder coach é o gestor que se apropria do coaching como filosofia e metodologia de trabalho para conduzir pessoas e equipes à alta performance. É o líder que desperta e desenvolve o potencial infinito que há em cada um de seus liderados. É aquele que motiva, engaja e prepara a equipe para evoluir continuamente e sempre ir além na busca de resultados efetivos e extraordinários para a organização. Um líder imbuído da filosofia e das técnicas de coach explica com objetividade e serve de exemplo para o que espera de sua equipe, em vez de só falar em valores vagos e abstratos. É mais do que um simples gestor que cobra o cumprimento das metas, é um guia que conduz sua equipe ao máximo potencial despertando e transmitindo importantes conhecimentos e aprendizados que serão fundamentais em todos os momentos da sua jornada.

Além disso, o líder coach dá feedbacks construtivos e assertivos, estimula o aprimoramento da comunicação entre sua equipe e de aspectos como foco, produtividade, automotivação, negociação, inovação, criatividade, relacionamento interpessoal, planejamento e visão sistêmica.

É verdade que os gestores comerciais têm se capacitado cada vez mais, atendendo assim às novas demandas emergentes, como o fato de os vendedores, hoje mais do que nunca, precisarem ser ouvidos na sua essência. Esse é o papel do líder coach em vendas: mais do que um líder que utiliza o coaching como filosofia de liderança, ele atende às novas necessidades dos profissionais que atuam na área de vendas.

O QUE É PRECISO PARA SER UM LÍDER COACH?

Obviamente que essas posturas já podem ser visíveis nos líderes atuais, e isso só tende a ser ampliado, pois o coaching oferece muitas técnicas e ferramentas que ajudarão esse líder a se desenvolver e, principalmente, a desenvolver sua equipe de vendas. Você já teve acesso a boa parte dessas técnicas e ferramentas, lendo e praticando os conceitos apresentados nos capítulos anteriores. Se você teve a oportunidade de experimentar na prática 50%, 40% ou mesmo 30% do que foi apresentado até aqui, já está atuando como líder coach. Quando aprende um método sustentável de vendas, inicia a transformação da área (transformando primeiro a si próprio), foca o desenvolvimento dos pontos fortes de cada vendedor, equaliza desafios e habilidades para aplicar a pressão certa e faz a gestão com base em um método poderoso, o líder automaticamente está atuando como coach de si próprio e de sua equipe.

Mas não é só isso; existem outras atitudes e posturas fundamentais para atuar como líder coach e que se complementam entre si, formando uma rede de práticas que atenua as dores, fortalece o clima entre a equipe e garante os melhores resultados.

As habilidades centrais do líder coach são sua capacidade de fazer perguntas significativas e ouvir abertamente diminuindo seu julgamento.

A ARTE DE LIDERAR POR MEIO DE PERGUNTAS

Perguntas têm o poder de nos fazer refletir, avaliar e criar respostas baseadas no que acreditamos. As perguntas também redefinem a relação entre as pessoas. Quando o gestor está no papel de conselheiro ou mentor, ele é o *expert*. Esse papel o mantém numa posição superior. Mas, quando o gestor faz perguntas e quer saber a opinião do vendedor, coloca-se na posição de par. As perguntas comunicam os valores de igualdade e parceria das duas partes.

A abordagem do líder coach conduz a conversa para ser menos sobre os pensamentos e ideias do próprio gestor e mais sobre realmente ouvir o vendedor e considerar com mais profundidade suas ideias e pensamentos. Quanto mais o líder coach ouve, mais ele percebe a capacidade do vendedor em se expressar e buscar seus caminhos através das próprias respostas. Assim se dá um processo grandioso e gradual no decorrer da gestão da equipe.

Na prática, boa parte das respostas já está com o vendedor, e esta é uma oportunidade para aperfeiçoar seus pensamentos e a capacidade de buscar soluções. Ninguém sabe mais sobre si do que você mesmo! Todas as memórias do vendedor estão dentro dele e ele sempre saberá mais sobre as situações que expõe, pode acreditar!

Fazer perguntas empodera. Os vendedores frequentemente solicitam a ajuda do líder para tomarem decisões, porém em metade dos casos já sabem o que fazer. O que está faltando é a confiança para concretizar a decisão. Autoconfiança é fundamental para a mudança. Quando você pergunta a opinião dos vendedores e os leva a sério, você está enviando uma forte mensagem: "Você tem boas ideias, eu acredito em você e você pode fazer isto". Por meio de perguntas, reforçamos o poder que está dentro do vendedor e o ajudamos a realizar sua meta sem que seja necessário fazer isso por ele.

Outro benefício de se fazerem boas perguntas é gerar responsabilidade e autoliderança, fazendo com que o vendedor tome as ações necessárias para conversão das vendas. Por exemplo, uma pergunta do tipo "O que você poderia fazer em relação a determinada situação?" direciona o vendedor a buscar as próprias respostas e não depender da resposta do gestor, fortalecendo o senso de responsabilidade e, por consequência, a liderança de suas atitudes.

Perguntar também gera autenticidade. Todos nós queremos ser reconhecidos. Não há melhor presente em uma relação do que quando percebem o nosso valor e nos enxergam de verdade. Investir tempo em perguntas significativas e ouvir de maneira genuína as respostas dos vendedores significa que realmente estamos interessados em saber profundamente as suas ideias e soluções. A arte de fazer perguntas é a forma mais rápida de criar um vínculo de confiança e transparência entre o líder coach e o vendedor.

Nós só fazemos perguntas porque intencionamos algum resultado com elas, então vamos compreender que, à medida que você tem clareza de qual é o seu objetivo, você poderá ser mais preciso na elaboração de perguntas significativas. Há inúmeros tipos de perguntas. Veja a seguir alguns exemplos e em qual situação empregá-los.

PERGUNTAS DO TIPO "COMO"

Objetivo: especificar o comportamento ou evidenciar um padrão ou processo.

- Como você reage em relação a isso?
- Como isso pode fazer com que você descubra novas formas de atender às necessidades do cliente?
- Como você gostaria de ter se comportado/ter se sentido/ter agido naquela situação?
- Como você pode assumir o controle da situação?

PERGUNTAS DO TIPO "O QUÊ"

Objetivo: aumentar o foco no evento ou acontecimento.

- O que aconteceu?
- O que você pensa sobre isso?
- O que você pode fazer em uma próxima oportunidade?
- O que isso significa para você?
- O que você fará da próxima vez?

PERGUNTAS DO TIPO "QUAL"

Objetivo: abrir espaço para novas possibilidades ou alternativas.

- Qual grande lição você extrai dessa experiência?
- Qual poderia ser uma visão positiva sobre esse tema?
- Qual o tempo que você quer que isso dure?

- Qual seria uma nova possibilidade?
- Qual é o resultado positivo/negativo dessa decisão?

PERGUNTAS DO TIPO "QUANDO"

Objetivo: medir ou assumir compromisso com o tempo.

- Quando você iniciará/finalizará?
- Quando você pode fazer?
- Quando você decidiu?
- Quando isso acontecerá?
- Quando você se compromete a mudar isso?

PERGUNTAS DO TIPO "ONDE"

Objetivo: despertar senso de espaço, determinar localização, situar-se.

- Onde será?
- Onde começou a dar errado?
- Onde você se vê fazendo isso?
- Onde poderá ser iniciado?

PERGUNTAS PARA LEVANTAR AS NECESSIDADES OU OS RESULTADOS ESPERADOS

- Qual é seu maior desafio na busca desse resultado?
- Como você gostaria que as coisas fossem diferentes?
- Você acredita que pode fazer melhor? Como?

- Quais recursos você já tem?
- Quando você quer atingir isso?
- Como saberá que está progredindo?
- O que está faltando nessa situação?
- O que o motiva?

PERGUNTAS DE CONGRUÊNCIA (METAS)

- Quais serão as consequências de realizar essa meta?
- Suas ações influenciarão positivamente a vida dos clientes?
- Como a busca do alcance de sua meta impacta a vida das pessoas?
- Quais os pontos comuns entre seus valores e os da empresa?
- Você se sente honesto consigo mesmo e com os seus clientes?
- O que realmente está acontecendo para dificultar a realização de sua meta?
- Quanto de controle pessoal ou influência você tem sobre sua meta?
- Como você poderia assumir mais controle sobre sua meta?
- O que você poderia fazer para minimizar os obstáculos na realização de sua meta?
- Como especificamente você poderia dominar os aspectos que lhe colocam na direção de sua meta?

PERGUNTAS PARA DIRECIONAMENTO E EXECUÇÃO DE METAS

- Por onde você acha que deve começar?
- O que você poderia fazer agora?
- Como você considera que poderia conquistar essa meta?
- Como você poderia mudar imediatamente para passar a desfrutar o processo?
- Quais habilidades você precisa desenvolver para alcançar a meta?
- Quais serão seus novos comportamentos?
- O que você pode fazer para atingir a meta mais rapidamente?
- Quais valores você deve começar a priorizar?
- Que tipo de pensamento pode lhe fortalecer?
- O que pode lhe inspirar?
- Quais as habilidades você gostaria de aprimorar?

PERGUNTAS PARA MUDAR O ESTADO EMOCIONAL

- Qual é o estado emocional mais apropriado para você estar agora, enquanto começa a pensar em uma ação para dar o próximo passo na realização de sua meta?
- Como você se sente só de imaginar concretizar sua meta?
- Você pode perceber todos os aspectos pessoais nos quais você crescerá e se desenvolverá no caminho da realização de sua meta?

¤ Coloque-se no futuro, pense sobre ter conseguido alcançar essa meta de uma forma totalmente bem-sucedida e apenas permita-se sentir e curtir este sentimento de sucesso e conquista. Agora, volte para o momento presente, trazendo consigo esses sentimentos. De quais novas possibilidades você se tornou consciente?

PERGUNTAS PARA ESTIMULAR AS AÇÕES

¤ Quais ações você deve tomar até o final desta semana para dar mais um importante passo para bater sua meta?

¤ O que você fará para ter clareza sobre as principais necessidades dos clientes?

¤ Qual será a evidência de que você está no caminho certo?

¤ Como você saberá que a conquista da meta começou a ser realizada?

¤ De hoje até nossa próxima conversa/visita juntos, o que você se compromete a fazer para garantir a mudança que combinamos?

PERGUNTAS PARA ESTIMULAR OPÇÕES E ALTERNATIVAS

¤ Quais opções você tem?

¤ O que mais você poderia fazer?

¤ E se tempo, poder, habilidades, etc. não fossem limitadores?

¤ Se alguém lhe sugerisse uma nova opção, qual seria?

- Existe alguém que você conheça que tenha resolvido esse problema de outra maneira?
- Se houvesse uma opção mais poderosa, qual seria?
- Quais são os benefícios e custos de cada uma das alternativas?
- Como você pode melhorar suas ações?
- Quais ferramentas você conhece sobre isso e ainda não foram utilizadas? Qual delas você tentará utilizar?
- De que ferramentas você precisa?
- Como podemos virar o jogo?
- Como você gostaria de mudar a forma como atua?
- O que você poderia mudar para tornar esta situação mais positiva?
- Que técnicas você tem usado atualmente? Quais funcionaram? Quais não funcionaram? Por quê?
- O que faria a maior diferença para mudar o modo como você vê essa situação?
- Quem já fez isso muito bem? (Exemplo de excelência).

PERGUNTAS PARA DESAFIAR PARADIGMAS

- O problema está na etapa ou na forma como você se sente em relação a ela?
- Quais crenças você possui em relação a isso que podem ser questionáveis?
- Quais recursos você não utilizou anteriormente e que poderia utilizar agora?

- Como você lidaria com isso se fosse o gestor?
- O que você pode aprender com essa situação?
- O que o melhor vendedor que você conhece faria nessa situação?
- O que você está tomando como verdade e que talvez não seja?
- O que você tentaria fazer agora se tivesse certeza de que não iria falhar?
- O que você faria agora se já fosse a pessoa que você sabe que tem potencial para se tornar?

PERGUNTAS PARA IDENTIFICAR LIMITAÇÕES

- O que está lhe impedindo de realizar a meta?
- O que pode ser melhorado?
- Quais foram as dificuldades encontradas?
- O que você precisa superar para atingir a meta?

PERGUNTAS PARA DESENVOLVER APRENDIZAGEM

- Olhando para trás, o que você aprendeu sobre a situação?
- Qual a principal coisa que você teria feito diferente do que fez, agora que chegou nessa compreensão do que aconteceu?
- Como você manterá o que aprendeu nessa situação para que as habilidades, ideias e estratégias estejam

completamente disponíveis quando você precisar novamente?

¤ Como você pode ajudar os colegas de equipe (outros vendedores) a aprender com sua experiência?

PERGUNTAS PARA GERAR ESCLARECIMENTO

¤ Quando você diz [...], o que você quer dizer com isso?

¤ O que [...] significa para você?

¤ Eu estou entendendo da forma correta?

¤ [...] faz sentido para você?

¤ Você poderia me falar um pouco mais sobre isso?

¤ Há algo mais sobre esse assunto que ainda não falamos?

PERGUNTAS PARA DESAFIAR PADRÕES MENTAIS

¤ Qual é a evidência de que isso é verdade?

¤ O que lhe faz pensar dessa forma?

¤ Isso é justo?

¤ Qual a lógica desse comportamento, postura ou pensamento?

¤ Isso é uma interpretação ou um fato?

¤ Essa forma de pensar pode ser uma maneira de se proteger de algo ou alguém?

Toda boa pergunta é um convite para que o vendedor fale, se expresse, apresente seus motivos, pensamentos, crenças, medos, receios e dúvidas. Evite a armadilha de perguntar e você mesmo responder, principalmente em relação àquelas perguntas de que você provavelmente já saiba a resposta. Perguntas retóricas, aquelas as quais fazemos mesmo já conhecendo a resposta, têm o objetivo de fazer o vendedor refletir sobre a situação e sobre si próprio. Após fazer a pergunta, pare, respire, mantenha a atenção concentrada no diálogo com seu vendedor e forneça a ele o tempo necessário para que faça sua reflexão e encontre por conta própria a resposta. No capítulo 5, falei sobre a capacidade de ouvir e descrevi os principais aspectos da escuta com atenção empática. Talvez, agora seja um bom momento para voltar lá e relê-lo.

AS REGRAS DE OURO PARA O LÍDER COACH

Para estar consciente, praticar e turbinar as habilidades e posturas que garantam a atuação do gestor no papel do líder coach, você precisará se desenvolver de maneira contínua, independentemente do quão próximo ou distante sinta-se do ideal. Por isso, listo a seguir as regras de ouro na vida do líder coach.

COLABORE PARA O DESENVOLVIMENTO INDIVIDUAL

Em vez de apenas encaminhar os vendedores para os treinamentos planejados e conduzidos pelo RH, o líder coach chama para si a responsabilidade pela formação e aperfeiçoamento de sua equipe. Ele direciona as pessoas para o aumento de performance por meio da identificação do que cada um faz melhor. Desenvolver talentos também é uma de suas atribuições.

PRATIQUE OS VALORES

Falar sobre os valores de uma empresa pode soar como algo vago e suscitar variadas interpretações. Dizer que há proatividade ou lealdade em seus vendedores pode significar atitudes diferentes no entendimento de cada um deles. Portanto, o líder coach deve se empenhar para traduzir em ações o tipo de conduta que espera de seu time. Uma forma de consolidar isso é criar indicadores para avaliar se os valores estão sendo cumpridos.

FAÇA PRIMEIRO, DEPOIS COBRE

"Faça o que eu digo, não o que eu faço" não serve para um líder coach. Para ser seguido e respeitado, e não apenas aceito por uma imposição hierárquica, ele precisa aplicar em suas atitudes cotidianas os conceitos que prega.

ENCARE A REALIDADE

Nem sempre os fatos e os resultados serão maravilhosos, portanto aceite isso e não lute contra. Quanto mais você resistir, mais tempo e esforço você jogará no lixo. Conte com a sua equipe para também superar esses momentos difíceis. No início, pode ser complicado, mas com o tempo todos se fortalecerão e ficarão cada vez mais unidos.

SIMPLIFIQUE AS COISAS

Você já ouviu dizer que menos é mais? Dedique-se a eliminar as burocracias e comece a implementar processos e procedimentos simples, coisas que tenham foco única e exclusivamente nas metas e nos objetivos da área e da empresa.

LIDERE PELA MOTIVAÇÃO

Motive sua equipe em vez de intimidá-la ou ser autoritário. As pessoas precisam de atenção, precisam de apoio do líder para se sentirem motivadas. Mostre para seus vendedores que eles são extremamente importantes para você e para a organização, que eles fazem parte de um corpo maior. Pratique a gratidão. Faça do agradecimento uma prática constante com sua equipe.

ARRISQUE-SE DIARIAMENTE

Já dizia Einstein: "Insanidade é continuar fazendo sempre a mesma coisa e esperar resultados diferentes". Pensar e agir diferente, com certeza, ampliará as suas possibilidades de alcançar resultados extraordinários. Se pararmos para pensar, é isso que o mercado atual exige: coisas diferentes, produtos diferentes e, principalmente, posturas diferentes.

TENHA OBJETIVOS CLAROS

Além de saber o que quer, é importante saber como comunicar e engajar todos no mesmo propósito. O chefe que não se preocupa em desenvolver uma meta comum acaba formando uma equipe que se perde no individualismo. O líder coach tem claro para si o que os vendedores devem atingir como meta e os ajuda com orientações constantes e práticas.

INVISTA NA DIVERSIDADE

O gestor tradicional busca pessoas que tenham um perfil semelhante ao seu para compor sua equipe de trabalho. Já o gestor com postura de coach reconhece que as diferenças entre um e outro podem contribuir para uma equipe mais forte e completa. Ele explora o que há de melhor em cada estilo para compor um time vencedor.

DÊ LIBERDADE À EQUIPE

Saber delegar é uma característica do líder coach. Na sua delegação, ele transfere autoridade às pessoas comprometidas e competentes. Ao final, a responsabilidade sobre o trabalho do grupo volta a ser dele. Já o gestor tradicional não delega as tarefas porque é inseguro e tende a acreditar que, se o fizer, perderá a chance de se destacar mais do que seus vendedores.

FORME SUCESSORES

Dizem que o bom mestre é aquele que ensina o discípulo a ponto de ser superado por ele. Este seria o líder coach. Alguém que colabora na construção da maturidade profissional dos vendedores, reconhecendo em que aspectos cada um pode melhorar ainda mais. Enquanto o gestor tradicional está preocupado em manter seu emprego e se mostrar imprescindível para a organização, o líder coach deixa sucessores prontos para assumir seu posto quando necessário.

OFEREÇA FEEDBACKS CONSTANTES

Seções formais de feedback servem para o chefe que não tem segurança ou conhecimento para ser assertivo no momento em que a conduta dos vendedores precisa sofrer ajustes. O líder coach atua no dia a dia através de conversas em tempo real, conduzidas de maneira informal e rápida. Com isso, o comprometimento da equipe tende a aumentar, assim como o desenvolvimento individual de cada um, que saberá exatamente os pontos a serem trabalhados.

Não por acaso, uma das principais ferramentas de gestão do líder coach é a habilidade de dar feedback. Os feedbacks funcionam como um catalisador na utilização das ferramentas no processo de gestão da equipe comercial. Eles ligam as diferentes etapas, preenchem os espaços eventualmente deixados em aberto durante o desenvolvimento do vendedor e garantem que a comunicação exista sempre, independentemente das intempéries às quais um processo de formação e desenvolvimento de uma equipe comercial está sujeito.

Por isso, exploraremos essa ferramenta, da qual muito se fala, mas que pouco se aplica de maneira positiva nas relações entre gestor e vendedores de uma equipe comercial.

EXPLORANDO A HABILIDADE DE DAR FEEDBACK

Embora frequentemente traduzido simplesmente como o ato de "dar um retorno", considero que a melhor maneira de traduzir feedback, para maximizar seu efeito gerencial, consiste na habilidade de "espelhar" um comportamento ou uma postura. É como se o líder coach, durante a reunião de feedback, se transformasse em um espelho que reflete ao vendedor a própria imagem. Feedback é um processo de espelhamento que ocorre pelo fornecimento de informações críticas para o ajuste de desempenho e performance de uma pessoa.

Entenda-se por informação crítica aquela que é crucial para o aperfeiçoamento da performance e, portanto, é oriunda de uma análise baseada no senso crítico e não no senso comum.

Dessa maneira, feedback não é uma opinião que expresse um sentimento ou emoção, mas sim um retorno que espelha (validando ou invalidando) um dado comportamento ou realização com base em parâmetros claros, objetivos e verificáveis. Feedbacks tratam de questões sobre desempenho, conduta e resultados obtidos pelas ações realizadas.

O objetivo fundamental do feedback é auxiliar o desenvolvimento do vendedor para incorporar, manter, melhorar ou abandonar um comportamento por meio do fornecimento de informações, dados, críticas e orientações que permitam reposicionar suas ações em um nível de eficiência e eficácia maior, na busca da conversão de mais e melhores vendas.

Reuniões de feedback costumam dar calafrios nos vendedores, independentemente do seu nível de desenvolvimento. E não é só o vendedor que costuma se sentir desconfortável: o gestor que precisa fazer comentários sobre o desempenho do vendedor também está sob pressão.

Enquanto o vendedor que recebe o feedback pode ter medo de ser humilhado, o gestor que está falando teme que seu interlocutor se ofenda com os seus comentários e deixe de gostar dele e apoiá-lo.

Sob a influência de medos inconscientes, as duas partes tendem a entrar em um modo defensivo – o que, além de gerar desgaste emocional, pode ameaçar a eficácia do processo de vendas.

Tomar certos cuidados antes, durante e depois da reunião pode evitar que a tensão coloque tudo a perder. Conheça as regras que garantem o sucesso do feedback em qualquer contexto de vendas.

PREPARAÇÃO DO LÍDER COACH PARA O FEEDBACK

ESTEJA EM SINTONIA: CRIE UM AMBIENTE ESTRATÉGICO

Antes de iniciar o feedback, invista no equilíbrio entre você e o vendedor. Esse não é o momento de dar ordens, e sim de transmitir sua percepção em relação às atitudes ou posturas do vendedor e seus impactos nos resultados; portanto, procure colocar-se em uma posição de par, valorizando a igualdade e a parceria entre as duas partes. Feedbacks não devem ser dados em qualquer lugar – evite fazê-lo na frente da equipe, o que só serve para aumentar a preocupação do outro com a possibilidade de humilhação. O ideal é que o vendedor decida onde se sente mais à vontade para conversar. Dê preferência a lugares neutros, aqueles menos carregados de memórias emocionais. Isso ajuda a manter o relacionamento em um vínculo de confiança e transparência entre líder coach e vendedor.

SEJA ESPECÍFICO

Tanto os comentários positivos como os negativos precisam ser palpáveis. O vendedor precisa construir uma imagem concreta daquilo que está sendo dito. Não adianta dizer, por exemplo, que você está insatisfeito com os atrasos do vendedor. É melhor trazer exemplos, citando datas e horários específicos em que ele cometeu os deslizes. O objetivo, aqui, é legitimar a sua crítica e trazer a discussão para um plano objetivo.

Outro aspecto fundamental é trazer um único ponto a ser tratado em cada feedback. Muitos gestores têm o péssimo hábito de trazer três, quatro, cinco ou mais aspectos a serem trabalhados no mesmo feedback. Essa prática, além de diminuir o foco no problema, torna difícil o comprometimento do vendedor em razão das variadas e diferentes situações as quais ele se vê exposto. Se preciso, faça tantas reuniões quantas forem necessárias com um intervalo mínimo de tempo para abordar todas as diferentes questões que demandem feedback aos vendedores.

TENHA COMO FOCO A AÇÃO E NÃO A PESSOA DO VENDEDOR

Normalmente as pessoas não erram porque querem; vendedores erram porque estão em busca de melhores resultados. Nesse sentido, é importante basear todo e qualquer comentário ou crítica em fatos, não em julgamentos. Por exemplo, posso dizer ao vendedor que seu ambiente de trabalho (mesa, carro etc.) está uma bagunça, ou posso escolher dizer a mesma coisa de outra forma: "Notei que os materiais de apresentação não estão organizados e fáceis de serem encontrados, o que normalmente prejudica a execução de uma boa apresentação ao cliente".

GERE ESPAÇO PARA DIÁLOGO

Para que a conversa não se reduza a um jogo de acusações e defesas, uma tática aconselhável é pedir que, enquanto você fala, o vendedor apenas escute. Isso ajuda a conter explosões emocionais. Você pode convidar o vendedor a, se quiser, anotar suas observações num papel, mas peça que ele ouça seus comentários como um "copo vazio". Depois de comunicar a sua avaliação, chega a hora de você se calar e ouvir as respostas dele. Aqui também vale a mesma regra: abaixe as defesas, anote comentários em uma folha de papel e permaneça até o fim sem retrucar.

CONSTRUA O FEEDBACK COMO UMA OPINIÃO

Em vez de lançar frases como "Você é" ou "Você fez", é melhor usar sentenças que comecem, por exemplo, com "Eu sinto que você é" ou "Eu tive a sensação de que você fez". Atribuir seus comentários a uma percepção pessoal traz a "culpa" daquela crítica para você. Esse posicionamento alivia o outro e o torna mais receptivo.

Agora que já temos o "pano de fundo" das reuniões de feedback, conheceremos as seis etapas ideais para aplicá-lo.

AS SEIS ETAPAS PARA O FEEDBACK DE VENDAS

ETAPA 1 - RECONHEÇA AS HABILIDADES E QUALIDADES QUE SEU VENDEDOR TEM

O início da reunião deve ser leve e se concentrar nos pontos positivos do vendedor. Mas não pode ser falso. Você precisa pensar em qualidades que realmente enxerga nele, algo que você sinta de verdade. Elogios sinceros ajudam a diminuir as defesas do outro e elevam sua autoestima. Isso o ajudará a não se sentir um total fracasso após o efetivo feedback.

ETAPA 2 - RECONHEÇA A INTENÇÃO POSITIVA

Vendedores não erram de propósito. Se essa é a situação, minha pergunta é: O que ele ainda está fazendo na sua equipe? Como mencionei acima, vendedores erram como consequência de tentativas, acertos e erros, na busca de melhorar seus resultados. Evidencie que você reconhece essa intenção, isso o ajudará a perceber que, mais do que fazer uma crítica, você também está interessado em ajudá-lo a alcançar melhores resultados.

ETAPA 3 - CHEQUE A PERCEPÇÃO DO VENDEDOR

Antes de expressar sua crítica ou seu comentário em relação à postura ou ao comportamento, motivo da reunião, verifique com o vendedor se ele conhece o motivo da necessidade do feedback. Além de criar um espaço para o diálogo desde o início, checar a percepção do vendedor poderá fazer com que ele mesmo se dê o feedback. Esse passo pode gerar um efeito natural de diminuir sua indisposição com o vendedor e, ao mesmo tempo, aumentar a autorresponsabilidade dele no processo.

ETAPA 4 - DÊ O FEEDBACK

É chegada a hora de dar o feedback propriamente dito. Não faça rodeios, vá direto ao ponto. Seja específico. Apresente os fatos e dados relativos aos comportamentos ou às atitudes que comprovem a motivação dessa conversa. Lembre-se: foque a ação, não a pessoa.

ETAPA 5 - DÊ A PERSPECTIVA POSITIVA COM A ALTERAÇÃO DO COMPORTAMENTO

Após caracterizado o feedback com evidências dos comportamentos indesejáveis ou mudanças de postura necessárias para o alcance dos resultados esperados, é importante mostrar ao vendedor o que ele ganhará com isso. Ajude-o a reconhecer os ganhos e benefícios que a mudança trará na sua vida. As pessoas não têm medo de mudar, elas têm medo de não saber onde a mudança as levará. Quando temos clareza dos ganhos em determinada situação, aumentamos nossa disposição de executar as ações necessárias para alcançá-los.

ETAPA 6 - FECHE O COMPROMISSO (O QUÊ, COMO E QUANDO)

O fim da conversa deve ser uma breve recapitulação do que foi discutido, para que, em conjunto, vocês possam definir quais serão os próximos passos. É melhor concluir estabelecendo um compromisso do que deixar um "vazio no ar". Discutam e decidam o que, como e quando serão executadas as ações pelo vendedor para que a direção da situação em foco retome o sentido desejado por vocês.

APRENDIZADO:

Líder coach é o gestor que se apropria do coaching como filosofia e metodologia de trabalho para conduzir pessoas e equipes à alta performance. As habilidades centrais do líder coach são sua capacidade de fazer perguntas significativas e ouvir abertamente, diminuindo seu julgamento. Além disso, o líder coach dá feedbacks construtivos e assertivos, estimula o aprimoramento da comunicação entre sua equipe, bem como de aspectos como foco, produtividade, automotivação, negociação, inovação, criatividade, relacionamento interpessoal, planejamento, visão sistêmica, entre outros.

Mas não é só isso: há outras atitudes e posturas fundamentais para atuar como líder coach que se complementam entre si, formando uma rede de atitudes que atenua as dores, fortalece o clima entre a equipe e garante os melhores resultados.

- Colabore para o desenvolvimento individual.
- Pratique os valores.
- Faça primeiro, depois cobre.
- Encare a realidade.
- Simplifique as coisas.
- Lidere pela motivação.
- Arrisque-se diariamente.
- Tenha objetivos claros.
- Invista na diversidade.

- Dê liberdade à equipe.
- Forme sucessores.
- Ofereça feedbacks constantes.

EXERCÍCIO

Resgate as respostas obtidas ao realizar o item 2 do exercício ao final do capítulo 7. Provavelmente você encontrará posturas e ações dos vendedores que figuram como obstáculos na sua capacidade de agir para aumentar a eficiência na gestão de cada vendedor. Relacione os comportamentos indesejáveis e seus autores. Marque imediatamente uma reunião de feedback com cada um deles. Prepare-se adequadamente e utilize o modelo de feedback apresentado aqui para consolidar as novas atitudes.

9

FORTALEÇA O PROCESSO. RECONHEÇA O PROPÓSITO

PASSO 7

Ao final de minhas palestras ou durante os meus cursos, uma das perguntas recorrentes é: Alexandre, quanto tempo é preciso para me tornar um vendedor fera, de sucesso, reconhecido pelo mercado e ganhando uma boa grana?

É muito interessante observar o ser humano em seu jeito particular de ser, porque escutar essa pergunta invariavelmente desperta uma angústia dentro de mim. As pessoas estão mais preocupadas com o "quando" em suas carreiras, em suas vidas, do que com o seu desenvolvimento e as várias habilidades e experiências engrandecedoras que conquistarão ao longo dos processos que levam até seus objetivos.

Quando você partir, em direção a Ítaca, que sua jornada seja longa, repleta de aventuras, plena de conhecimento.

Não tema Laestringones e Ciclopes nem o furioso Poseidon; você não irá encontrá-los durante o caminho se o pensamento estiver elevado, se a emoção jamais abandonar seu corpo e seu espírito. Laestringones e Ciclopes e o furioso Poseidon não estarão em seu caminho se você não carregá-los em sua alma, se sua alma não os colocar diante de seus passos.

Espero que sua estrada seja longa.

Que sejam muitas as manhãs de verão, que o prazer de ver os primeiros portos traga uma alegria nunca vista.

Procure visitar os empórios da Fenícia, recolha o que há de melhor.

Vá às cidades do Egito, aprenda com um povo que tem tanto a ensinar.

Não perca Ítaca de vista, pois chegar lá é o seu destino.

Mas não apresse os seus passos; é melhor que a jornada demore muitos anos e seu barco só ancore na ilha quando você já estiver enriquecido com o que conheceu no caminho.

Não espere que Ítaca lhe dê mais riquezas.

Ítaca já lhe deu uma bela viagem; sem Ítaca, você jamais teria partido.

Ela já lhe deu tudo, e nada mais pode lhe dar.

Se, no final, você achar que Ítaca é pobre, não pense que ela o enganou.

Porque você tornou-se um sábio, viveu uma vida intensa, e este é o significado de Ítaca[11].

Konstantinos Kaváfis (1863-1933)

A jornada do líder de vendas, assim como a do vendedor, é um processo que se renova todo mês. Quando o último dia do mês termina, um ciclo se encerra. Todo o esforço e dedicação despendidos na busca do cumprimento da meta são celebrados em razão dos resultados atingidos. Mas independentemente de qualquer que tenha sido o resultado alcançado, uma questão é certa: quando o primeiro dia do mês seguinte chegar, um novo ciclo se iniciará. A meta se renova, assim como as estratégias, os contatos e tudo que

---

11 Disponível em: <http://site.livrariacultura.com.br/imagem/capitulo/30367967.pd>. Acesso em: ago. 2017.

diz respeito a esta nova etapa. É um trabalho que se reinicia. É um processo que se desdobra.

A trajetória do líder de vendas é um processo contínuo. Há um início, há um meio, mas enquanto o líder estiver à frente de sua equipe, o processo jamais terminará.

O alcance da meta da área e a garantia de que a equipe cumprirá seus objetivos deveriam ser encarados pelo gestor como consequências. O grande objetivo do líder é trilhar seu caminho com olhar curioso para o aprendizado que o ajudará a desenvolver uma equipe de vendas sustentável. Nesse sentido, sua jornada se traduz na união de infinitas situações que formarão um processo contínuo de aprimoramento e aprendizado. Essa experiência, esse processo, representa a maior riqueza na vida do líder de vendas.

Processos muitas vezes são complexos, lentos, repletos de variáveis que exigem a ampliação das habilidades e o desenvolvimento de capacidades específicas do líder de vendas, todas elas exploradas aqui neste livro. A incessante e constante dedicação precisa ser renovada a cada novo ciclo da meta.

Processos são feitos de fases, e a cada nova fase na gestão da equipe o líder de vendas precisa tomar decisões que consistem na escolha de diretrizes e alternativas que o guiarão com foco e determinação rumo a seus objetivos. Essas decisões requerem um suporte informativo adequado para que as melhores alternativas sejam escolhidas. Por isso, ter um sistema que lhe forneça informações sobre o desempenho planejado e o realizado é ponto-chave para o líder de vendas, permitindo-lhe comparar em bases objetivas todas as etapas do processo que envolvem sua gestão.

É importante ressaltar que o líder de vendas existe para tomar decisões. Portanto, ele deverá decidir, mesmo com a possibilidade de erro, pois essa é a sua função. E essa função somente poderá ser adequadamente realizada se houver coordenação. Ter um sistema gerencial de informações permite o adequado desenvolvimento, controle e coordenação do processo de gestão comercial.

A melhor ferramenta para gestão de processos é também uma das mais utilizadas no mundo todo. Chamado PDCA, o método foi criado a partir de um sistema inicialmente desenvolvido por Walter Shewhart, um estatístico americano, em 1930. O sistema era composto por três passos que se retroalimentavam constantemente. Em 1951, com a ajuda de executivos japoneses, William Edwards Deming promoveu a evolução do sistema ao inserir mais um passo, criando assim a roda de Deming. Ela era composta de quatro fases básicas relacionadas à gestão de processos, movimentando-se em um ciclo contínuo: *plan* (planejar), *do* (fazer), *check* (checar) e *act* (agir). Dessa forma, foi criado o ciclo PDCA, cujo nome representa as iniciais de cada fase, em inglês.

O PDCA NA GESTÃO DO PROCESSO DE DESENVOLVIMENTO DO LÍDER DE VENDAS

PLAN (PLANEJAR)

É o primeiro ciclo do processo com foco no planejamento. Nessa fase, parte-se do princípio de que para melhorar algo é preciso saber o que está acontecendo, levantar informações e ideias para resolver os eventuais problemas ou aprimorar os bons resultados. Nem sempre é possível melhorar a performance em todas as tarefas, e, justamente por isso, é prudente levantar quais são os indicadores que deverão manter a performance e quais são os indicadores que devem melhorar no processo.

DO (FAZER)

Após planejar, é hora de executar. É nesse momento que o plano de ação é colocado em prática. Para ter sucesso nessa fase, é necessário que o líder de vendas tenha competência técnica e habilidade para executar as atividades que compõem o plano. Este livro tem como principal objetivo munir você dessas competências que, gradativamente assumidas, praticadas e aprimoradas, contribuirão para o desenvolvimento das habilidades.

CHECK (CHECAR)

Nessa fase, você poderá medir a eficácia das soluções aplicadas e reunir as lições aprendidas, avaliando o que pode melhorar. Dependendo do sucesso das atividades planejadas e colocadas em prática, do número de melhorias identificadas e do alcance das ações, é possível repetir o "fazer" e verificar as outras fases, incorporando melhorias adicionais. Uma vez que o gestor note e confirme que os custos em repetir os ciclos anteriores seriam superiores aos benefícios desejados, então é chegado o momento de passar para o próximo passo.

ACT (AGIR)

Por fim, é preciso incorporar aprendizados e agir para consertar possíveis falhas a partir do que está dando errado ou padronizar o que está dando certo. Esse é, simultaneamente, um fim e um começo, pois, após a minuciosa apuração do passo anterior, todo o ciclo PDCA é refeito com novas diretrizes e parâmetros.

Agora tem-se a solução completa em curso. Contudo, o uso do PDCA não para por aí. É necessário atuar de forma sistemática e recorrente. O novo planejamento é o indício de que a melhoria contínua no processo de gestão da equipe comercial está em movimento.

Como vimos até agora neste capítulo, "o quê" e "como" são

partes integrantes do processo de desenvolvimento do líder na gestão da equipe comercial. Mas você já se deu conta de que somente esses dois princípios não garantem a continuidade e manutenção deste processo?

Seus amigos não gostam de você pelo que você faz. Eles gostam de você por quem você é. O mesmo princípio é verdadeiro para os clientes e vendedores. Muitas empresas perderam sua essência. Elas sabem o que fazer, como fazer, mas se esqueceram de por que fazer.

"O quê" e "como" são parte de um processo que se completa com "porquê".

Em seu livro *Por quê? – Como motivar pessoas e equipes a agir* (2012), Simon Sinek afirma que qualquer empresa pode explicar o que faz; algumas podem explicar como fazem; mas poucas podem explicar claramente por que fazem.

Por que os clientes de sua empresa são clientes?

E por que os seus vendedores decidem continuar fazer parte da sua equipe?

Por que sua namorada ou namorado, esposa ou marido continua com você?

Perguntas um pouco complicadas de se responder, não são? Afinal, a gente sabe muito pouco sobre o que move a conduta das pessoas e as intenções que sustentam suas ações.

"O quê" é fácil. Estes são os produtos, serviços, projetos ou ideias que você oferece. "O quê" tem características distintas e benefícios diretos, o que torna fácil de explicar. Já "porquê" e "como" não são tão fáceis assim.

O "porquê" é a visão. O "porquê" é a expressão da alma do gestor. É a força motriz por trás de qualquer atitude ou conduta. "Porquê" não é dinheiro ou lucro, cotas ou metas, produtos, serviços, projetos ou ideias de qualidade. Esses são os resultados.

"PORQUÊ" TEM A VER COM PROPÓSITO

Na jornada do líder de vendas, percorrer o processo que o desenvolve e fortalece sua carreira implicará passar por inúmeras situações desafiadoras. Diversas delas carregadas de extrema felicidade pelas alegrias vividas em momentos de conquista, ou de tranquilidade em razão da estabilidade alcançada pela consolidação de um projeto. No entanto, as situações ruins, de desconforto, também fazem parte da vida, principalmente no nível de responsabilidades que um líder de vendas assume no papel de gestor. A tristeza pela incapacidade de realizar determinada meta, o desânimo pela perda de um excelente vendedor para o mercado e as angústias resultantes das fortes pressões inerentes ao dia a dia na área comercial, uma hora ou outra, acontecerão. São inevitáveis!

POR QUE É IMPORTANTE TER UM PROPÓSITO?

Conhecer o seu "porquê" garantirá que, mesmo diante dos momentos mais difíceis da sua jornada, você possa se sentir forte, resistente, flexível e determinado na definição e na execução dos seus passos.

É fácil se manter motivado quando as coisas vão bem. Manter-se motivado, de cabeça erguida e firme diante das dificuldades só consegue quem reconhece um propósito naquilo que faz.

Recentemente, a caminho da academia, lembrei-me de quando meus filhos eram mais novos e, certo dia, ao me verem sair de casa vestido com calção, tênis e camiseta esportiva, como normalmente fazia, disse-me o mais velho, com um típico tom despretensioso de um pré-adolescente:

– Nossa, papai, você gosta de ir à academia!

Parei por um momento e refleti sobre a percepção dele. Dei-me conta do significado daquilo e compartilhei:

– Filho, na verdade, eu não gosto de ir à academia; gosto do que frequentar a academia proporciona para mim: disposição e longevidade para curtir vocês e as próximas gerações.

Além disso, manter-se focado de forma restrita ao "o quê" e ao "como" gera soluções somente de curto prazo, pois paulatinamente se distanciam da essência do gestor. Claro que a definição do "o quê" e a prática do "como" geram resultados, mas não geram lealdade e tornam-se insuficientes para enfrentar os desafios de longo prazo. Lealdade é criada por algo mais profundo, algo mais visceral. A verdadeira lealdade vem de um senso comum de propósito e espírito, de uma compreensão clara de quem você é e o que você representa. Um por cento a mais na comissão ou alguns almoços de cortesia não constroem lealdade.

"Porquê", não "o quê", gera a lealdade. Lealdade fortalece conexões e gera vantagens maravilhosas no relacionamento com seus vendedores, muito além de uma transação comercial.

Houve um grande escritor e ex-primeiro-ministro britânico que viveu no século XIX chamado Benjamin Disraeli. Ele tem uma frase que precisamos sempre recordar para manter desperta nossa consciência: "A vida é muito curta para ser pequena". E o que é uma vida pequena? Você, leitor, poderá se questionar. É aquela vivida de forma superficial, rasa, morna, inútil. Nesse momento o propósito se faz iminente, começa a surgir.

Naquela que é uma das grandes obras literárias da história, de um professor também britânico chamado Charles Lutwidge Dodgson, reconhecido mundialmente pelo pseudônimo Lewis Carroll, *Aventuras de Alice no País das Maravilhas* é um livro que vai muito além de contar uma história infantil – é altamente inspirador e filosófico para pensarmos no propósito da vida. Quando decidiu seguir um coelho que estava muito atrasado, Alice caiu em um enorme buraco. Só mais tarde descobriu que aquele era o caminho para o País das Maravilhas, um lugar um tanto diferente daqueles que estava acostumada a conhecer. Entre diversas influências, este livro inspirou o filme *Matrix* (1999). Na primeira cena, o protagonista Neo ("novo", em latim), interpretado pelo ator Keanu Reeves, é instruído a seguir o Coelho Branco em uma das metáforas metafísicas do despertar da consciência no filme. Logo em seguida, sua campainha toca e, ao abrir a porta, ele se depara com uma mulher com a tatuagem de um coelho branco no ombro. Daí por diante, inicia-se uma aventura que, em determinado momento, coloca para Neo a seguinte questão: Você quer uma vida verdadeira, íntegra, difícil, complicada, mas autêntica, ou prefere uma vida falsa, dissimulada, mais fácil, porém vazia?

O livro *Aventuras de Alice no País das Maravilhas* traz provavelmente uma das perguntas mais inteligentes e difíceis para se fazer na vida, que se relaciona ao "porquê" é importante ter um propósito. Em determinado momento na história, Alice está perdida, não sabe onde está. Nesse momento, ela encontra um gato deitado em um galho no alto de uma árvore. Feliz pela descoberta de que não estava sozinha, perdida no meio da floresta, Alice se dirige ao gato e pergunta:

– Poderia me dizer, por favor, que caminho devo tomar para ir embora daqui?
– Depende bastante de para onde quer ir – respondeu o Gato.
– Não importa muito para onde – disse Alice.
– Então não importa que caminho tome – disse o Gato[12].

---

12 CARROLL, Lewis. Alice: Aventuras de Alice no País das Maravilhas & Através do Espelho e o que Alice encontrou por lá. *1ª ed. Rio de Janeiro: Zahar, 2010.*

Uma vida com propósito é uma vida que não é banal, superficial, fútil, morna. Ao contrário, em uma vida com propósito, a pessoa tem clareza e sabe a rota que quer seguir com determinação, coragem, humildade, inteligência e, acima de tudo, com certeza do seu "porquê".

Raul Seixas, cantor e compositor brasileiro, muitas vezes chamado de O Pai do Rock Brasileiro e Maluco Beleza, lançou em 1973 o compacto com "Ouro de tolo", uma das principais músicas do seu primeiro álbum solo *Krig-ha, Bandolo!*. Ouro de tolo é o nome que se dava, na Idade Média, a um minério chamado pirita. Por causa de seu brilho natural, muitas vezes os garimpeiros amadores a confundiam com ouro, mas ela não vale praticamente nada – daí o apelido que deu nome à canção de Raul.

Ouro de tolo é aquilo que contenta algumas pessoas, que tendo uma vida banal, superficial, sem propósito, tem para si coisas que parecem ter valor, mas que, expostas à clareza de consciência, não têm. Algo que brilha, mas é falso. Coisas que contentam, mas são pequenas. Por isso, ter um propósito é engrandecer a vida. Criar um significado que responda ao "porquê" e preencher nosso dia a dia com algo que real e verdadeiramente tenha valor.

COMO DESCOBRIR O PROPÓSITO?

Para descobrir o "porquê" você precisa fazer um mergulho para dentro de si e chegar até as raízes.

Por que escolheu essa atividade profissional?

Por que faz as coisas que faz?

Por que sua equipe se importa com você?

Antes que possa ganhar poder ou conseguir impacto com sua mensagem, você deve achar seu ponto motivacional no seu passado, longe do alvo que quer atingir. É aí que um "porquê" revela um propósito e ganha valor, aumentando seu poder. Ele não é o objetivo que você deseja alcançar. É uma inquietação, uma constante curiosidade que desencadeia um processo de descoberta e desenvolvimento e o direciona para seu objetivo.

FAZER O CERTO GERA FACILIDADES E PROSPERIDADE!

Quando se tem um propósito bem definido percebe-se com mais clareza o despertar da consciência individual, o que facilita a condução do processo e dos aprendizados na jornada do líder de vendas e revela o verdadeiro ouro, um sentido na vida. Não são as dificuldades que mudam ou diminuem em sua vida; é você – com sua mudança de perspectiva e com atitudes baseadas nas intenções e em propósito claros – que transforma o processo diário de gestão comercial em algo fácil de conduzir. Simples em sua operação à medida que há dedicação na manutenção da consciência do propósito.

A prosperidade chega como resultado, brindando e celebrando o estilo de vida útil, profundo, significativo, genial e impactante na vida de muitas outras pessoas. Afinal, somos todos elos de uma mesma corrente. A atitude de um provoca consequências (boas ou ruins) no trabalho e na vida do outro – basta pensarmos em quantas pessoas são impactadas desde o início de uma atividade até a realização de seu objetivo final.

Estamos todos conectados, ainda que esses laços permaneçam invisíveis aos nossos olhos. Isto acontece, por exemplo, no nível de consciência egoico, em que filtramos todas as percepções que temos da vida somente através de nossas experiências, de nós mesmos. O desafio é ampliar a consciência. Ao deixarmos de estar voltados apenas para nós mesmos e buscarmos a consciência do que ocorre no íntimo de cada um que está diante de nós, nos identificamos com o sofrimento alheio e sentimos compaixão.

Somos todos um. Ao machucarmos alguém, machucamos, em primeiro lugar, a nós mesmos. É fácil perceber isso. Brigue com alguém e logo em seguida analise a si próprio: inevitavelmente, você estará se sentindo mal. O mesmo vale para o outro lado da moeda; faça o que sente ser certo, ajude alguém e, logo, você estará se sentindo bem. Fazendo o bem a quem quer que seja, você também estará fazendo o bem a si mesmo, pois somos todos elos da mesma corrente.

Encerro esse método dos sete passos para ser um líder de vendas com o convite à reflexão e ao reconhecimento do seu propósito como líder de vendas, para que, ao término da leitura deste livro, você saiba por onde começar: Por que aplicar todas as técnicas que você aprendeu aqui? Por que, além do dinheiro que será depositado em sua conta-corrente para garantir os pagamentos das despesas mensais, você se levantará todos os dias e se dedicará ao desafio de fazer a gestão de sua equipe comercial?

A minha resposta eu quero contar para você agora: compartilhar conhecimento e felicidade, ajudando pessoas a realizarem seus sonhos.

APRENDIZADO:

A trajetória do líder de vendas é um processo contínuo. Há um início, há um meio, mas enquanto o líder estiver à frente de sua equipe, o processo jamais terminará.

O alcance da meta da área e a garantia de que a equipe cumprirá seus objetivos deveriam ser encarados pelo gestor como consequência. O grande objetivo do líder é trilhar seu caminho com olhar curioso para o aprendizado que o ajudará a desenvolver uma equipe de vendas sustentável. Nesse sentido, sua jornada se traduz na união de infinitas situações que formarão um processo contínuo de aprendizado e aprimoramento. Essa experiência, esse processo, representa a maior riqueza na vida do líder de vendas.

Conhecer o seu propósito garantirá que, mesmo diante dos momentos mais difíceis de sua jornada, você possa se sentir forte, resistente, flexível e determinado na definição e execução dos passos rumo à sua meta.

É fácil se manter motivado quando as coisas vão bem. Manter-se motivado, de cabeça erguida e firme diante das dificuldades só consegue quem reconhece um propósito naquilo que faz.

EXERCÍCIO

Responda à pergunta: Qual é o seu propósito como líder da equipe de vendas?

Leve o tempo que precisar. Para ajudar em sua reflexão, já que se trata de uma questão de vida, filosófica e, por vezes, complexa, sugiro buscar as respostas apoiando-se em três questões-chaves:

1) Por que faço o que faço?

_____
_____
_____
_____

2] Olhando para minha vida, meu passado, de onde isso [a resposta da pergunta anterior] vem?

3] Qual é o meu propósito?

10
A FELICIDADE SÓ É COMPLETA QUANDO COMPARTILHADA

José Ferreira já era um próspero empreendedor, mesmo sendo proprietário de uma pequena fábrica de artefatos de borracha em sociedade com o pai de Giuditta Lacava, meu avô Antônio Lacava.

Durante a gestação de seu sexto filho, meus pais passaram por um dos momentos mais difíceis de suas vidas. Uma crise financeira terrível assolou a família, consequência do final de uma péssima parceria de negócios. Eles estavam completamente sem dinheiro e devendo para muitos credores. Seu desespero era tão grande que duvidavam da própria capacidade de lidar com a situação. Eles tinham muitas dúvidas se conseguiriam sustentar uma grande família como aquela na péssima condição financeira que se encontravam. Pensaram até mesmo de que talvez o melhor seria não ter aquele filho, portanto deveriam abortá-lo. Mesmo com muito medo e sem esperanças, a fé ecoou mais alto em seus corações e decidiram abandonar a ideia do aborto e seguiram adiante com a gravidez.

Meses mais tarde, eu nasci.

Com nove meses de vida fui diagnosticado com bronquite asmática. Passava horas, dias com dificuldade de respirar. Inalação e medicamentos broncodilatadores me ajudavam a respirar com alívio, até a chegada da próxima crise.

Com aproximadamente 4 anos, em uma dessas crises de bronquite asmática, que coincidentemente aconteciam com frequência à noite, quando meus pais já estavam em casa de volta do trabalho, meu pai teve uma ideia diferente e decidiu me levar para passear. Ele me disse que iríamos caminhar pelas ruas do bairro para respirar ar fresco e que isso me ajudaria a me sentir aliviado. Saímos para andar pelas ruas, tarde da noite, quase de madrugada. Ninguém nos fazia companhia, a não ser o guarda noturno com seu apito que lembrava a todos que sua ronda se iniciara. Naquele passeio, de mãos dadas, a sós com meu pai pelas ruas escuras e calmas do bairro, descobri um dos momentos mais felizes de minha vida. Ter o olhar e a atenção dele só para mim, mais ninguém, era um mix de êxtase e felicidade. Finalmente, por algumas horas, era eu, o filho que merecia toda admiração, carinho e atenção dentre todos os outros filhos que diariamente o disputavam.

As crises passaram a se repetir, sempre no período da noite, e as caminhadas de mãos dadas com meu pai pelo bairro supriam minha necessidade de atenção, de um jeito exclusivo e muito especial.

Muitos anos depois, mesmo tendo descoberto que as crises asmáticas e os passeios com meu pai tratavam-se de um mecanismo para conquistar sua atenção – as crises prejudicavam minha vida e me faziam sofrer ao custo da felicidade que era curtir meu pai, somente eu e ele com total exclusividade –, entendi que fazia aquilo porque amava compartilhar minha vida com ele. Muitos outros anos se passaram e me trouxeram o entendimento que compartilhar os acontecimentos da vida, as conquistas, as decepções, os amores e os dissabores com minha família, meus amigos e pessoas queridas faz da minha vida uma existência mais completa e mais feliz.

Muitas vezes, ao atingirmos determinado resultado, condição ou status na vida, ficamos tão felizes que queremos preservar este momento como se pudéssemos guardar a felicidade em um recipiente que a torne intocável, e, desse modo, mantê-la conosco por mais tempo. Sem perceber, às vezes nos tornamos egoístas, não por maldade, mas por excesso de zelo ou amor a determinada situação ou pessoa. Compartilhar os momentos importantes em nossa vida, sejam eles bons ou ruins, aumenta nossa disposição de viver esta vida de forma mais clara, verdadeira. E é nesta clareza de propósito, resultado do quanto compartilhamos nossas alegrias e felicidades, que encontramos o verdadeiro sentido. Sermos felizes com o que somos e fazemos, compartilhando a felicidade ao nosso redor.

Em seu livro *Na natureza selvagem* (1998), Jon Krakauer retrata a história verídica de Christopher McCandless, um rapaz de muito talento que largou tudo para enfrentar seus limites, ao decidir viajar sem rumo pelos Estados Unidos, em busca da liberdade e da verdadeira felicidade.

Nessa história, que nos convida à reflexão das entranhas da existência humana, Christopher decide abrir mão de absolutamente tudo e partir em busca de uma vida simples e próxima à natureza, onde deseja encontrar a verdade e, dessa forma, viver a plena felicidade. Abandona sua família sem deixar rastros. "Mais que amor, dinheiro e fama, dai-me a verdade."[13] é uma das várias frases que cita de memória dos livros que carrega consigo, os únicos bens dos quais ele não abre mão.

É exatamente esse o ponto que melhor define a principal mensagem do livro. A maioria de nós se identificará com o jovem Christopher, se não por sua atitude impulsiva e, até certo ponto, inconsequente de se lançar nas estradas da vida sem lenço e sem documento, mas pelo fato de acreditarmos que nossa própria felicidade é o bastante para nos sentirmos plenos, completos.

Quando você chegar a um estágio da sua carreira de líder de vendas de sucesso, em que esteja se sentindo reconhecido, recompensado, feliz por suas realizações e desfrutando dos benefícios que este sucesso lhe traz, lembre-se de compartilhar estes momentos de felicidade com as pessoas que você ama, com as pessoas que lhe ajudaram nesta jornada, com sua equipe de vendedores, com

---

13 KRAKAUER, Jon. Na natureza selvagem. *São Paulo: Companhia das Letras, 1998.*

os parceiros de negócio que contribuíram para que os resultados acontecessem, com os líderes que lhe serviram de referência e com todos aqueles que direta ou indiretamente colaboraram para que você se sentisse mais feliz.

Adquirir conhecimento, facilitar a vida de milhares de pessoas e aumentar os sucessos em minha carreira são realizações que me deixam muito, muito feliz. Mas a verdadeira felicidade, que se completa de forma grandiosa e plena, só acontece quando tenho a oportunidade de compartilhar tudo isso com você.

Quer expandir ainda mais a experiência que adquiriu com este livro? Acesse o site **www.7passosliderdevendas.com.br**!

Através desse endereço, manteremos contato e você receberá constantemente novos conteúdos sobre o tema.

Muito obrigado!

ALEXANDRE LACAVA

REFERÊNCIAS BIBLIOGRÁFICAS

BRIDGES, William; BRIDGES, Susan. *Managing transitions*. Boston: Da Capo Lifelong Books, 2009.

BROWN, Brené. *A coragem de ser imperfeito*. Rio de Janeiro: Sextante, 2013.

BUCKINGHAM, Marcus; CLIFTON, Donald O. *Descubra seus pontos fortes*. Rio de Janeiro: Sextante, 2008.

BUCKINGHAM, Marcus; COFFMAN, Curt. *Primeiro, quebre todas as regras*. Rio de Janeiro: Elsevier, 1999.

CIALDINI, Robert. *O poder da persuasão*. Rio de Janeiro: Alta Books, 2006.

COVEY, Stephen R. *Os 7 hábitos das pessoas altamente eficazes*. Rio de Janeiro: BestSeller, 2009.

CSIKSZENTMIHALYI, Mihaly. *Flow*: the psychology of optimal experience. New York: HarperCollins Publishers, 2008.

DROTTER, Stephen J.; CHARAN, Ram. *Pipeline da liderança*. 2ª ed. Rio de Janeiro: Alta Books, 2013.

ENDSLEY, Mica R.; GARLAND, Daniel J. *Situation awareness analysis and measurement*. Boca Raton: CRC Press, 2000.

FRANKL, Viktor. *Em busca de sentido*. São Paulo: Vozes, 2015.

PINK, Daniel. *To sell is human*. New York: Riverhead Books, 2012.

SINEK, Simon. *Por quê?* – Como motivar pessoas e equipes a agir. São Paulo: Saraiva, 2012.

Este livro foi impresso pela gráfica Rettec em papel lux cream 70g em fevereiro de 2024.